Antoni · Teamarbeit gestalten

Über die Reihe »Management und Karriere«

In der Reihe »Management und Karriere« werden relevante Fragestellungen der Führung, der Zusammenarbeit und des Personalmanagements von renommierten Hochschulprofessoren und -professorinnen sowie von erfahrenen Praktikern anwendungsorientiert dargestellt.
Diese Reihe will einen Beitrag zur Verbesserung der Führung und Zusammenarbeit in Unternehmen leisten. Ihr Kennzeichen ist die Verbindung von Praxis und Wissenschaft: Wissenschaftlich fundierte Ergebnisse werden anwendungsorientiert dargestellt und mit Hinweisen für die Umsetzung in der Unternehmenspraxis verbunden. Die komprimierte und anschauliche Darstellung erlaubt es, einen schnellen Überblick über das Thema und die damit verbundenen Fragestellungen zu gewinnen.
Die einzelnen Bände richten sich an Praktiker ebenso wie an Wissenschaftler, die sich mit Fragen der Veränderung und Umsetzung in Organisationen beschäftigen, und an Studenten der entsprechenden Fachrichtungen.

Die Herausgeber

Prof. Dr. *Friedemann W. Nerdinger,* Jg. 1950. Seit 1993 Professor für Wirtschafts- und Organisationspsychologie an der Universität Rostock.
Prof. Dr. *Erika Regnet,* Jg. 1962. Seit 1997 Professorin für Personalwirtschaft und Allgemeine BWL an der FH Würzburg-Schweinfurt-Aschaffenburg.
Prof. Dr. *Lutz von Rosenstiel,* Jg. 1938. Seit 1977 Professor für Wirtschafts- und Organisationspsychologie an der Universität München und Leiter des Institutsbereichs für Organisations- und Wirtschaftspsychologie. Seit 1992 Prorektor der Universität München.

Conny H. Antoni

Teamarbeit gestalten

Grundlagen, Analysen, Lösungen

Beltz Verlag · Weinheim und Basel

Gesetzt nach den neuen Rechtschreibregeln
Lektorat: Ingeborg Sachsenmeier

http://www.beltz.de
Herstellung: Klaus Kaltenberg
Satz: Satz- und Reprotechnik GmbH, Hemsbach
Druck: Druckhaus Beltz, Hemsbach
Umschlaggestaltung: Federico Luci, Köln
Umschlagfoto: Bavaria Bildagentur, München
Printed in Germany

ISBN 3-407-36020-7

Inhaltsverzeichnis

Vorwort 7
Hinweise für die Leser 8

Kapitel 1:
Warum Teamarbeit? 9
Historische Entwicklung 9

Kapitel 2
Was kennzeichnet Teamarbeit? 18
Begriffsklärung 18
Merkmale 21

Kapitel 3
Welche Formen der Teamarbeit gibt es? 24
Qualitätszirkel 27
Projektgruppen 34
Klassische Arbeitsgruppen 37
Fertigungsteams 38
Teilautonome Arbeitsgruppen 40

Kapitel 4
Welche Form der Teamarbeit brauche ich? 59
Theoretische Grundlagen 60
Kriterien für die Wahl der Arbeitsorganisation 66

Kapitel 5
Wie führe ich selbstregulierende Teams? 72
Aufgaben der Führung 73
Die Rolle der Meister 75
Führen durch Zielvereinbarung 86

Kapitel 6
Was macht Teamarbeit erfolgreich? 97
Einflussfaktoren für erfolgreiche Teamarbeit 97
Gestaltung motivierender Teamaufgaben 104
Auswahl geeigneter Teammitglieder 110
Entwicklung und Qualifizierung der Teammitglieder 113
Förderung von Synergieeffekten 128
Aufbau teambezogener Informations- und Steuerungssysteme 135
Einführung teamorientierter Entgelt- und Belohnungssysteme 138
Flexibilisierung der Arbeitszeiten 151
Prozessorientierte Organisationsgestaltung 155

Kapitel 7
Wie führe ich Teamarbeit erfolgreich ein? 160
Einführung von Teamarbeit als Organisationsentwicklungsprozess 161
Phasen auf dem Weg zur Teamarbeit 172

Kapitel 8
Was kommt nach der Einführung von Teamarbeit? 181

Literaturverzeichnis 183
Stichwortregister 189

Vorwort

Teamarbeit ist in aller Munde. Zusammen mit Schlagworten wie Lean Production, Total Quality Management, Kaizen oder der fraktalen Fabrik wird sie als Schlüssel für den Unternehmenserfolg angesehen. Teamarbeit hat dabei viele Erscheinungsformen:

- Produktentwicklungsteams sollen Kundenwünsche frühzeitig identifizieren und in neue Produkte umsetzen.
- Projektteams sollen komplexe, bereichsübergreifende Aufgaben wie die Einführung von SAP lösen.
- Qualitätszirkel, Kaizen- bzw. KVP-(**K**ontinuierlicher **V**erbesserungs-**P**rozess-)Gruppen sollen Verschwendungen beseitigen und Verbesserungsvorschläge erarbeiten.
- Teilautonome Arbeitsgruppen sollen in der Produktion zu mehr Produktivität und zu einer menschengerechteren Arbeit führen.

Gruppen- und Teamarbeit wurden auf diese Weise zum Synonym für eine moderne und erfolgreiche Arbeitsorganisation.

Diese Entwicklung birgt die Gefahr in sich, dass Gruppenarbeit um ihrer selbst willen eingeführt wird, ohne dass geprüft wird, welche Anforderungen sie in den Betrieben konkret bewältigen soll. Sei es, um nach außen als modernes Unternehmen firmieren zu können, sei es in der Hoffnung, von den Segnungen der Gruppenarbeit schon irgendwie profitieren zu können. Für eine nachhaltige Verbesserung der Wettbewerbsfähigkeit und der Arbeitsbedingungen sind dies denkbar schlechte Voraussetzungen. Auf diese Weise kann der Begriff der Gruppenarbeit ebenso schnell wieder in Misskredit geraten wie er zum Modebegriff avanciert ist.

Für einen nachhaltigen Erfolg gilt es daher, das Konzept auf den Prüfstand zu stellen, und seine Anwendungsvoraussetzungen, Wirkungsmechanismen und Auswirkungen kritisch zu hinterfragen.

Hierzu versucht das vorliegende Buch einen Beitrag zu leisten. Auf der Grundlage der Erfahrungen mit unterschiedlichen Formen von Teamarbeit in einer Vielzahl von Unternehmen und Branchen werden Hinweise für die erfolgreiche Einführung und Gestaltung teilautonomer Arbeitsgruppen gegeben.

Hinweise für die Leser

Die ersten vier Kapitel informieren über die Hintergründe und Konzepte von Teamarbeit und welche Kriterien für die Auswahl eines Teamkonzeptes herangezogen werden können.

Das fünfte Kapitel erörtert die Anforderungen, die die selbstregulierende Teamarbeit an die Führung stellt. Hierbei wird insbesondere auf die Veränderungen eingegangen, die sich aus der Einführung von Teamarbeit in der Produktion für die Rolle des Meisters ergeben. Ferner wird vorgestellt, wie selbstregulierende Teams durch Zielsetzungen und Zielvereinbarungen geführt werden können.

Im sechsten Kapitel finden die Leser konkrete Hinweise für die erfolgreiche Gestaltung von Teamarbeit. Die Auswahl der einzelnen Aspekte stützt sich auf ein theoretisches Modell, das zu Beginn des Kapitels vorgestellt wird. In den einzelnen Unterkapiteln werden dann konkrete Hinweise gegeben für die Gestaltung motivierender Teamaufgaben, zur Personalauswahl und Personalentwicklung, zur Gestaltung von teamorientierten Informations- und Steuerungssystemen, Entgelt- und Arbeitszeitsystemen sowie zu einer prozessorientierten Organisationsgestaltung.

Im siebten Kapitel wird erläutert, wie diese Aspekte in eine Einführungsstrategie integriert werden können und worauf bei der Einführung von Gruppenarbeit zu achten ist.

Auf die Frage, was nach der Einführung von Teamarbeit kommt, geht abschließend das achte Kapitel ein.

Kapitel 1
Warum Teamarbeit?

Viele Unternehmen sehen heute Team- oder Gruppenarbeit als einen der entscheidenden Erfolgsfaktoren für die eigene Konkurrenzfähigkeit an. Sie erhoffen sich durch die Einführung von Gruppenarbeit unmittelbare Kosteneinsparungen und längerfristig durch Verbesserungsvorschläge der Gruppen noch weitergehende Rationalisierungseffekte. Diesen Vorstellungen zufolge soll die Einführung von Gruppenarbeit zu einem kontinuierlichen Verbesserungsprozess führen, in dem Abläufe und Prozesse optimiert und Kosten gesenkt werden. Darüber hinaus versprechen sie sich eine deutliche Flexibilisierung des Unternehmens sowohl im Hinblick auf die fachliche und zeitliche Einsetzbarkeit von Mitarbeitern als auch bezüglich der Fähigkeit, mehr Produktvarianten schnell liefern zu können. Ferner werden deutliche Qualitätsverbesserungen und eine Steigerung der Prozesssicherheit erwartet. Da neben diesen ökonomischen Vorteilen die Gruppenarbeit auch noch zu motivierteren Mitarbeitern und zu einer menschengerechteren Arbeitsgestaltung beitragen soll, erscheint die gegenwärtig zu beobachtende Euphorie, mit der das Thema diskutiert wird, nicht verwunderlich. Manche Unternehmen scheinen sie als eine Art »Wunderwaffe« zu betrachten und man hat den Eindruck, dass Teamarbeit zur zentralen Management-Ideologie hochstilisiert wird.

Historische Entwicklung

Die Diskussion über Gruppenarbeit ist nicht neu. Über die Vor- und Nachteile von Gruppen- oder Teamarbeit wird seit Anfang des 20. Jahrhunderts diskutiert. Bei näherer Betrachtung zeigt sich allerdings, dass zu unterschiedlichen Zeitpunkten teilweise völlig verschiedene Konzepte im Mittelpunkt des Interesses standen.

In den Zwanzigerjahren wurde unter dem Stichwort *Gruppenfabrikation* (Lang/Hellbach 1922) in erster Linie eine Art Gruppenfertigung unter Beibehaltung tayloristischer Arbeitsstrukturen diskutiert. In den vierziger Jahren beschäftigte man sich infolge der *Hawthorne-Studien* (Roethlisberger/Dickson 1939) und der beginnenden *Gruppendynamik-Bewegung* (Lewin 1947) primär mit gruppendynamischen Aspekten in Teams. Zu Beginn der Sechzigerjahre entwarf Likert (1961) im Rahmen der Organisations- und Führungsforschung eine Vision einer Organisation als *System überlappender Gruppen.*

Anfang der Siebzigerjahre fand in Skandinavien, später dann in der Bundesrepublik Deutschland, das *Konzept der teilautonomen Arbeitsgruppen* als Ansatz zur Humanisierung und Demokratisierung der Arbeitswelt große öffentliche und wissenschaftliche Beachtung (Lattmann 1972; Rohmert/Weg 1976). Dies galt insbesondere für die in Norwegen und Schweden durchgeführten Experimente zu teilautonomen Arbeitsgruppen. Besonders bekannt wurde auf Grund seiner neuen architektonischen, fertigungstechnischen und arbeitsorganisatorischen Lösungen das PKW-Montagewerk von Volvo in Kalmar (Berggren 1991). Im Rahmen des Programmes zur Humanisierung des Arbeitslebens wurden aber auch in der Bundesrepublik Mitte der Siebzigerjahre Pilotprojekte zur Einführung von teilautonomen Arbeitsgruppen durchgeführt. Bekannt geworden ist hier vor allem das Projekt in der Motorenmontage im VW-Werk Salzgitter (BMFT 1980), das in mancher Hinsicht symptomatisch für die gesamte Diskussion der Gruppenarbeit in der Bundesrepublik in den Siebzigerjahren ist. Nicht zuletzt durch die große Öffentlichkeit wurde es schnell zum Gegenstand tarif- und betriebspolitischer Kontroversen. Die Ergebnisse des Pilotprojektes wurden von den beteiligten Wissenschaftlern, Betriebsräten und Führungskräften unterschiedlich bewertet. Nach Abschluss des Projektes wurden die teilautonomen Arbeitsgruppen wieder aufgelöst. Anfang der Achtzigerjahre sprach fast niemand mehr von teilautonomen Arbeitsgruppen. Dieses Konzept schien zumindest in Deutschland schon nach wenigen Pilotprojekten, die im Rahmen des Programmes zur Humanisierung der Arbeitswelt durchgeführt worden waren, gescheitert.

Stattdessen begann Anfang der Achtzigerjahre im Zuge der aufkommenden »Japanhysterie« die explosionsartige Ausbreitung von *Qualitätszirkeln* als neue Form der Gruppenarbeit (Antoni 1990; Bungard 1992). Ziel der Qualitätszirkel war es, Mitarbeitern die Möglichkeit zu geben, ihre arbeitsbezogenen Probleme selbst zu lösen, um damit auch die betriebliche Effizienz zu verbessern. Die anfängliche Euphorie, dem Geheimnis des japanischen Wirtschaftserfolgs auf die Schliche gekommen zu sein, verflog zwar bald, doch Qualitätszirkel etablierten sich insbesondere bei großen Industrieunternehmen als Instrument der Mitarbeiterbeteiligung. Ende der Achtzigerjahre hatten ein Großteil der Industrie- und eine wachsende Zahl der Dienstleistungsunternehmen Qualitätszirkel eingeführt, allerdings spielten sie keine zentrale Rolle. Man hatte hier und da im Unternehmen Qualitätszirkel eingeführt, aber diese nicht als strategischer Erfolgsfaktor betrachtet, mit dem sich das Management zu beschäftigen hätte.

Anfang der Neunzigerjahre änderte sich dies schlagartig. Gruppenarbeit wurde über Nacht zu einem neuen Schlüsselbegriff, der seitdem in aller Munde ist. Zahlreiche Pilotprojekte bekannter Unternehmen wie DaimlerChrysler, Opel und VW und eine Vielzahl von Veröffentlichungen und Kongressen dokumentieren diese Entwicklung (vgl. Antoni 1994; Automobil Produktion 1993; Berggren 1991; Binkelmann/Bracyk/Seltz 1993; Theerkorn 1991; Zink 1995). Unter der Überschrift Gruppen- oder Teamarbeit werden dabei eine Vielzahl zum Teil unterschiedlicher Konzepte und Anwendungsbereiche diskutiert:

- Teilautonome Arbeitsgruppen und Verwaltungsteams (vgl. Antoni 1994; Ulich 1994).
- Techno- und anthropozentrische Modelle von Fertigungsinseln (vgl. Brödner 1985).
- Projektgruppen (Kieser/Kubicek 1992).
- Qualitätszirkel und KVP-(Kontinuierlicher Verbesserungs-Prozess-)Gruppen (Antoni 1990), und bisweilen auch
- computerunterstützte Formen der Gruppenarbeit (»Computer-Supported Cooperative Work« oder »Group Ware« vgl. Wölm/Rolf 1991).

Angesichts der Allgegenwärtigkeit des Gruppenbegriffs stellt sich die Frage, welche Faktoren zu dieser Entwicklung geführt haben. Als ein wesentlicher Auslöser der aktuellen Diskussion von Konzepten der Gruppenarbeit kann die Veröffentlichung der Studie des Massachusetts Institute of Technology (MIT) »Die zweite Revolution in der Automobilindustrie« (Womack/Jones/Roos 1991) angesehen werden. In dieser Untersuchung wird die Wettbewerbsfähigkeit internationaler Automobilunternehmen verglichen. Auf sehr anschauliche und eindrucksvolle Weise werden die Grenzen der tayloristisch-fordistischen Fertigungs- und Organisationsparadigmen aufgezeigt und die Überlegenheit der so genannten »*Lean Production*«, der »schlanken Organisation«, propagiert (vgl. Womack u.a. 1991; Kieser 1995).

Die dadurch ausgelöste kritische Auseinandersetzung mit dem vorherrschenden tayloristisch-fordistischen Organisationsparadigma und die Diskussion alternativer Konzepte wie »*Lean Production*«, *Kaizen* (Imai 1992) und *Total Quality Management* (Zink 1994) hat auch zur Popularität von Gruppenarbeit beigetragen, da all diese alternativen Konzepte die Bedeutung von Teamarbeit betonen. Gruppenarbeit entwickelte sich auf diese Weise zu einem Modebegriff, zum Symbol für eine moderne Form der Arbeitsorganisation, ähnlich wie Lean Production, Lean Management, Kaizen oder Total Quality Management für moderne Management-Konzepte stehen. Dieser Modetrend hätte sich vermutlich jedoch nicht so schnell durchgesetzt, wenn es nicht auch strukturelle Ursachen gegeben hätte, die die Bereitschaft geweckt hatten, die tradierten tayloristisch-fordistischen Fertigungs- und Organisationsparadigmen in Frage zu stellen. So waren andere Veröffentlichungen mit ähnlichen Inhalten einige Jahre zuvor weitgehend wirkungslos verpufft (zum Beispiel Imai 1992; Jürgens/Malsch/Dose 1989).

Die MIT-Studie wirkte vermutlich nur als Katalysator, da sie Schwächen zum richtigen Zeitpunkt sehr eingängig und nachdrücklich ansprach, auf die man durch den Druck des Marktes bereits aufmerksam gemacht worden war, die man aber noch nicht so recht wahrhaben wollte.

Im Wesentlichen können drei strukturelle Entwicklungen als Ursachen für die aktuelle Diskussion alternativer Managementkonzepte und neuer Formen der Arbeitsorganisation angesehen werden (vgl. auch die unten folgende Abbildung):

- Die Veränderung von Verkäufer- zu Käufermärkten.
- Die Einführung flexibler computergestützter Technologien.
- Der Wertewandel bei den Mitarbeitern.

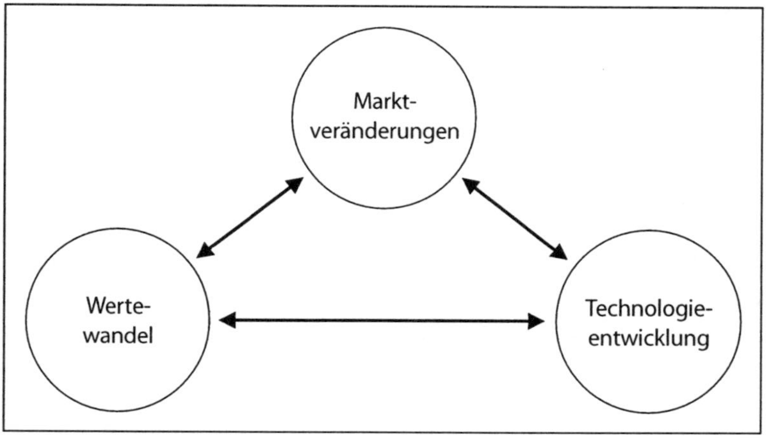

Hintergründe neuer Managementkonzepte

Die Veränderung von Verkäufer- zu Käufermärkten

Als strukturelle Ursachen für die Suche nach neuen Managementkonzepten können in erster Linie die Veränderung der Märkte und damit der Wettbewerbssituation angesehen werden (Berggren 1991; Jürgens u.a. 1989; Womack u.a. 1991). Immer mehr Wirtschaftsbereiche wandeln sich von Verkäufer- zu Käufermärkten. Sind Verkäufermärkte dadurch charakterisiert, dass einem Angebot eine vergleichsweise größere Nachfrage gegenübersteht, so sind Käufermärkte durch einen starken Angebotsüberhang gekennzeichnet. Für die Unternehmen ergibt sich daraus ein deutlich schärferer Wettbewerb, in dem sie sich zunehmend einer internationalen Konkurrenz stellen müssen.

Ein typisches Beispiel hierfür ist im Bereich der Automobilzulieferindustrie das »Global sourcing«. Die Automobilindustrie holt weltweit Angebote für Zulieferteile ein und spielt in mehreren Preisrunden die konkurrierenden Zulieferfirmen gegeneinander aus. In dieser Situation besitzen die Käufer deutlich mehr Möglichkeiten als die Anbieter, ihre Wünsche hinsichtlich Produkt- und Preisgestaltung oder Lieferterminen durchzusetzen. Unternehmen, die nicht flexibel auf diese Kundenanforderungen reagieren können, verlieren Marktanteile.

Das Ausmaß an Kundenorientierung eines Unternehmens wird in Käufermärkten zum entscheidenden Wettbewerbsfaktor. Die vom Käufer geforderte Flexibilität im Hinblick auf Produktvarianten und Lieferzeit bzw. Lieferbereitschaft führt zu einer steigenden Variantenzahl, sinkenden Losgrößen und meist auch kürzeren Produktlebenszyklen. Angesichts des verschärften Wettbewerbs stehen die anbietenden Unternehmen gleichzeitig unter zunehmendem Kostendruck bei wachsenden Qualitätsansprüchen.

Diese Anforderungen galten bislang als weitgehend unvereinbar. Ein Kürzen der Lieferzeit oder das Einführen zusätzlicher Varianten führte meist zu Kostensteigerungen oder Qualitätseinbußen. Oder es wurden umgekehrt Kostensenkungen durch Produktstandardisierung erreicht. Dies entsprach der Logik der tayloristisch-fordistischen Fertigungs- und Organisationsparadigmen: Kostensenkung wurde durch Produkt- und Fertigungsstandardisierung sowie durch Funktions- und Arbeitsteilung erreicht. Die Kostenvorteile der standardisierten Massenfertigung nehmen jedoch mit sinkenden Losgrößen, steigenden Variantenzahlen und kürzeren Produktlebenszyklen ab. Gleichzeitig steigen jedoch die Anpassungs- bzw. Transferkosten an die sich immer schneller wandelnden Marktanforderungen. Hiermit sind die Kosten für die Koordination und Steuerung des Unternehmens angesprochen, da immer mehr Angebote kundenspezifisch erstellt werden müssen und hierfür das Zusammenspiel der unterschiedlichen Abteilungen bzw. Funktionen benötigt wird. Auf Grund der extremen Funktions- und Arbeitsteilung und den damit verbundenen langen Informationsflüssen und Entscheidungswegen steigen die Transferkosten mit zunehmender Umweltdynamik überproportional an. Die Grundprinzipien des

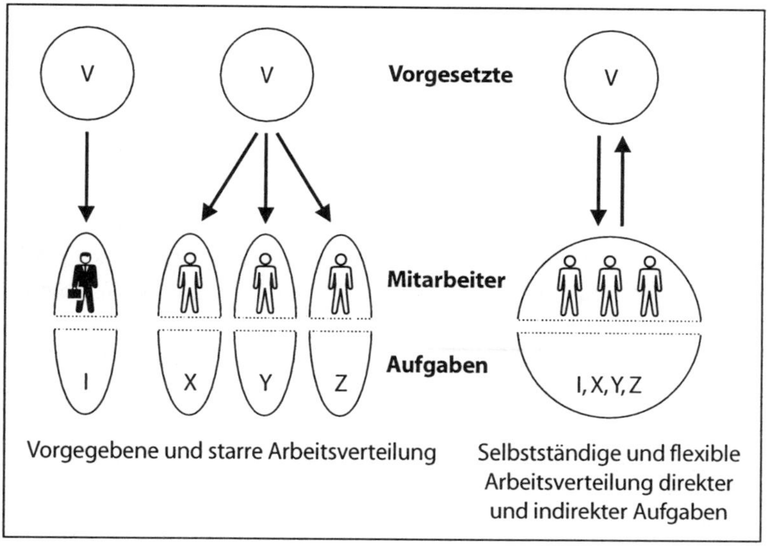

Bürokratische versus flexible Formen der Arbeitsorganisation

Taylorismus-Fordismus, nämlich der Arbeits- und Funktionsteilung, der Produkt- und Fertigungsstandardisierung, die in Verkäufermärkten so erfolgreich gewesen waren, kehren sich in Käufermärkten zu Nachteilen um. Sie führen zu einer zu starren und bürokratischen Organisation, die auf Kundenwünsche nicht mehr flexibel reagieren kann. Stattdessen werden flexible und funktionsintegrierte Teams zur Bewältigung der sich immer schneller verändernden Kundenanforderungen benötigt (vgl. obige Abbildung).

Die Einführung flexibler computergestützter Technologien

Die Hoffnung der Achtzigerjahre, die sich verändernden Marktanforderungen mit einer Computer-Integrierten Fertigung (CIM) in den Griff zu bekommen, erwies sich als trügerisch. Automatisierung und computergestützte Vernetzung um jeden Preis, mit der Vision einer menschenleeren, zentral gesteuerten Fabrik waren wirtschaftlich nicht sinnvoll. Abgesehen von technischen sowie insbesondere personellen und organisatorischen Problemen, die einer Umsetzung im Wege standen, konnte die damals angestrebte Zentralisierung von Planungs-, Steuerungs- und Kontrollprozessen den hohen Flexibilitätsanforderungen dynamischer Käufermärkte auch gar nicht gerecht werden. So ist es kein Zufall, dass nun versucht wird, mit Prinzipien der Funktionsintegration, Dezentralisierung und Selbstregulation flexible Organisationseinheiten zu schaffen, die mit Hilfe flexibler computergestützter (Fertigungs-)Technologien in der Lage sind, die Dynamik der Märkte zu bewältigen. Aus diesem Grund werden verstärkt dezentrale Organisationskonzepte diskutiert, die möglichst komplette Prozessketten umfassen, um Kundenanfragen ohne Schnittstellen schnell bearbeiten zu können. Aus der Vision der computerintegrierten Fabrik wurde die Vision der funktionsintegrierten Fabrik. Damit eröffnet sich ferner die Chance, Organisationsformen zu entwickeln, die den veränderten Einstellungen der Mitarbeiter zu ihrer Arbeit und dem Unternehmen entsprechen.

Der Wertewandel bei den Mitarbeitern

Seit den Siebzigerjahren haben sich in der Struktur und der Einstellung der Mitarbeiter Veränderungen ergeben. Hier ist in erster Linie der viel zitierte Wertewandel zu nennen (Noelle-Neumann/Strümpel 1984; Rosenstiel/Stengel 1987). Dies bedeutet, dass gerade in der jüngeren Generation vermehrte Ansprüche an die Arbeit nach sinnvollen und befriedigenden Tätigkeiten gestellt werden. Neben der weitgehenden Sicherung der materiellen Bedürfnisse spielen hier die allgemeine Sozialisation und insbesondere auch die wachsende schulische und berufliche Bildung eine bedeutende Rolle. Die tayloristisch-fordistischen Fertigungs- und Organisationsstrukturen mit ihren arbeitsteiligen und sinnentleerten Tätigkeiten und ihrer auf Kontrolle basierenden Führungskultur können diesen Ansprüchen nicht mehr gerecht werden. Der fehlende Anreiz extrem arbeitsteiliger und damit sinnentleerter Tätigkeit hatte bereits in den Siebzigerjahren in Schweden zu enormen Fluktuations- und

Abwesenheitsraten geführt und die dortige Industrie zur Einführung attraktiverer Formen der Arbeitsorganisation, sprich zur Einführung von Gruppenarbeit, veranlasst.

Standen in den Siebzigerjahren auf Grund des Wettbewerbs um Arbeitskräfte und politischer Interessen Fragen der attraktiven und menschengerechten Arbeitsgestaltung im Vordergrund, dominieren heute auf Grund des enormen internationalen Wettbewerbs um Marktanteile jedoch primär ökonomische Aspekte die Überlegungen der Unternehmen. Teamarbeit wird als partizipative Rationalisierungsstrategie genutzt, um Produktivitätsverbesserungen sozialverträglich umzusetzen.

Kapitel 2
Was kennzeichnet Teamarbeit?

Wie so oft, wenn ein Konzept in Mode kommt, so ist auch beim Thema Team- bzw. Gruppenarbeit ein Wildwuchs der Begriffe zu beobachten, der mit erheblichen Unklarheiten einhergeht. In der Diskussion finden sich Schlagworte wie Teamarbeit, Gruppenarbeit, Gruppenfertigung, Fertigungsinseln, Fertigungssegmente, Kundenteams, KVP-Gruppen, Lernstatt-Gruppen, Projektgruppen, Projektteams, Qualitätszirkel, Serviceteams, teilautonome bzw. selbstregulierende Arbeitsgruppen und viele andere mehr. Dabei geht man meist von einem impliziten Verständnis von Teams und Teamarbeit aus, das unterschiedliche Vorstellungen und Unklarheiten überdeckt. Dadurch bleiben viele Fragen unbeachtet, was zu Missverständnissen und zu falschen Schlussfolgerungen führt.

Begriffsklärung

Verwirrung stiftet insbesondere der Gruppenbegriff, da er in vielfältigen Bedeutungen gebraucht wird. Er dient als Ordnungsbegriff, um Personen mit ähnlichen Merkmalen einer Gruppe zuzuordnen, beispielsweise die Gruppe älterer Mitarbeiter. Er bezeichnet die organisatorische Zusammenfassung von Mitarbeitern in einer Gruppe, etwa die in einer Meisterei. Er beschreibt das Zusammenwirken mehrerer Personen, um gemeinsame Interessen zu verfolgen und Aufgaben zu bearbeiten.

Gerade das wechselseitige Zusammenwirken und die gegenseitige Beeinflussung von Personen werden im sozialpsychologischen Verständnis von Gruppen bzw. Teams als wesentlich angesehen. Aus diesem Zusammenwirken können sich gemeinsame Zielsetzungen, Spielregeln und ein Zusammengehörigkeitsgefühl entwickeln und sich unterschiedliche Rollen der Gruppenmitglieder herausbilden. Entsprechend werden im Folgenden unter *Gruppen* und *Teams* zwei oder mehr Personen verstanden, die über eine gewisse Zeit so zusammenwirken, dass jede Person die anderen Personen beeinflusst und von ihnen beeinflusst wird, die ein gemeinsames Ziel, eine Gruppenstruktur mit Rollen und Normen sowie ein Wir-Gefühl haben (vgl. von Rosenstiel 1993).

Arbeitsgruppen sind darüber hinaus durch eine gemeinsame Aufgabenstellung gekennzeichnet, die von den Gruppenmitgliedern bearbeitet wird und den Kristallisationspunkt der Gruppe bildet. Im Folgenden werden daher unter *Arbeitsgruppen* zwei oder mehr Personen verstanden, die eine gemeinsame Aufgabenstellung arbeitsteilig bearbeiten. In der Regel erhalten Arbeitsgruppen Arbeitsaufträge bzw. bestimmte Aufträge sind ihnen zugeordnet. Dazu muss der Arbeitsauftrag kommuniziert und von allen Teammitgliedern einheitlich als Aufgabe so verstanden werden, wie es der Auftragsteller gemeint hat. Dies ist kein technischer Vorgang, der automatisch zu einer Übereinstimmung von mitgeteiltem Auftrag und verstandener Aufgabe führt, sondern dies setzt beim Einzelnen aktive Informationsverarbeitung und Kommunikationsprozesse in der Gruppe voraus (Hackman 1970). In diesem Sinne kann der *Arbeitsauftrag* einer Arbeitsgruppe als vorgegebene Zielsetzung und die *Arbeitsaufgabe* als deren Redefinition verstanden werden. Eine gemeinsame Arbeitsaufgabe setzt damit eine Verständigung innerhalb einer Arbeitsgruppe über den zu erfüllenden Arbeitsauftrag und die gemeinsamen Ziele der Gruppe voraus. Beispielsweise könnte mit der Gruppe die Zielsetzung gemeinsam vereinbart werden oder zumindest erörtert werden, um sicherzustellen, dass sie von allen in der gleichen Weise verstanden wird.

Nicht jede organisatorische Zusammenfassung von Beschäftigten führt demnach zu Gruppenarbeit. Von Gruppenarbeit sprechen zu können, setzt voraus, dass ein gemeinsamer Auftrag vorliegt, der von den Gruppenmitgliedern gemeinsam interpretiert und als Aufgabe übernommen wird (Hacker 1994). Entsprechend kann *Gruppen-* und *Teamarbeit* als Form kollektiver Arbeitsgestaltung definiert werden, bei der mehrere Arbeitende einen Auftrag als Aufgabe übernehmen und nach bestimmten Regeln und Vereinbarungen gemeinschaftlich erfüllen, gemeinsame Gruppenziele verfolgen und in Kommunikation miteinander stehen. Eine rein organisatorische Zusammenfassung von Mitarbeitern am Band oder an Einzelarbeitsplätzen zu einer Gruppe ist keine Gruppenarbeit, wenn keine Aufgaben gemeinsam bearbeitet oder keine gemeinsamen Ziele verfolgt werden. Gruppenarbeit setzt immer die Bearbeitung einer *gemeinsamen Arbeitsaufgabe* voraus.

Insbesondere in der Managementliteratur wird der Teambegriff gegenüber dem Gruppenbegriff bevorzugt (weshalb er auch hier zielgruppengerecht im Titel gewählt wurde). Zum Teil werden Teams auch von Gruppen abgegrenzt. Beispielsweise definiert Bungard (1990, S. 317) ein *Team* als eine »*kleine, nach funktionalen Gesichtspunkten strukturierte Arbeitsgruppe mit einer spezifischen Zielsetzung und entsprechenden Arbeitsformen, relativ intensiven Interaktionen untereinander und einem mehr oder weniger starken Gemeinschaftsgeist*«.

Neben dem modischen Reiz und dem Umstand, dass in Organisationen der Gruppenbegriff auch für formale Zuordnungen von Stellen zu einem Vorgesetzten benutzt wird, mag zur Bevorzugung des Teambegriffs auch die im Vergleich zum Gruppenbegriff stärkere Konnotation funktionierender Kooperation und eines »Mannschaftsgeistes« beitragen. Entsprechendes gilt für die Verwendung der Begriffe Gruppenarbeit und Teamarbeit. So wird Teamarbeit zum Teil als Sonderform der Gruppenarbeit dargestellt, »*welche durch bewusste Intensivierung und Regelung der Gruppenprozesse eine zusätzliche Leistungssteigerung gegenüber Gruppenarbeit oder sonstiger Arbeitsformen ermöglichen soll*« (Forster 1978, S. 20).

Eine scharfe Trennung zwischen den Begriffen Gruppe und Team bzw. Gruppenarbeit und Teamarbeit ist jedoch nicht möglich. Dies belegen die hier beispielhaft aufgeführten Definitionen, die auf Grund des unscharfen Abgrenzungskriteriums »intensivere Gruppenprozesse« offen lassen, ab wann von einem Team bzw. von Teamarbeit gesprochen werden kann. Allerdings scheinen mit den beiden Begriffen unterschiedliche Konnotationen verbunden. Während Gruppe eher im Sinne der organisatorischen Zugehörigkeit zu einer Gruppe verstanden wird, schwingt bei Team eine Vorstellung hoher Kohäsion und guter Kooperation mit. Im Kontext dieser Arbeit werden die Begriffe synonym gebraucht.

Merkmale

Ausgehend von der Definition von Gruppen- und Teamarbeit lassen sich Arbeitsgruppen durch die Merkmale Gruppengröße, Zeitdauer der Zusammenarbeit, Arbeitsauftrag, Zielsetzung, Regeln und Normen, Rollenverteilung, Kooperation und Wir-Gefühl bzw. Kohäsion beschreiben (vgl. folgende Abbildung).

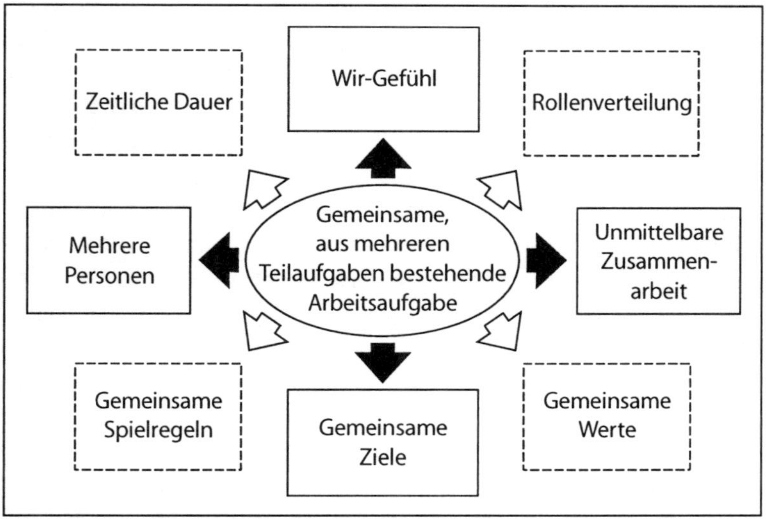

Merkmale von Gruppenarbeit

Im Hinblick auf die *Gruppengröße* wären aus Erfahrungen der Kleingruppenforschung Gruppen mit fünf bis sechs Mitarbeitern am besten geeignet. Bei dieser Größe gelingen Kommunikations- und Abstimmungsprozesse unter aktiver Beteiligung aller Mitglieder am besten. Bei der Bildung von Arbeitsgruppen sind daneben jedoch auch funktionale Aspekte mit zu berücksichtigen. So dürfte es wenig Sinn machen, zusammenhängende Arbeitsprozesse zu trennen. Die Größe einer Gruppe kann daher nur in Bezug auf ihren Auftrag optimal festgelegt werden. Ein weiterer Aspekt, der für die Wahl der Gruppengröße von Bedeutung sein dürfte, ist der

Zeitraum, in dem die Gruppe sich entwickeln und zusammenarbeiten kann.

Was die *Zeitdauer* der Gruppenarbeit anbelangt, dürfte in Unternehmen eine einmalige Zusammenarbeit, beispielsweise im Rahmen eines zweitägigen Workshops zur Lösung eines Problems, den Grenzfall von Gruppenarbeit darstellen. Je kürzer die Dauer der Zusammenarbeit ist, desto weniger kann davon ausgegangen werden, dass sich gemeinsame Regeln, Normen und ein Wir-Gefühl entwickeln und umso weniger kann von Gruppenarbeit gesprochen werden. Eine klare Abgrenzung hinsichtlich der erforderlichen Dauer ist jedoch kaum möglich. In der Regel sind in Unternehmen bei Gruppenarbeit dauerhafte Formen der Zusammenarbeit gemeint. Diese können, wie zum Beispiel Montagegruppen, kontinuierlich zusammenarbeiten oder sich nur zu bestimmten Zeiten treffen, wie zum Beispiel Qualitätszirkel. Arbeitsgruppen in Unternehmen haben daher im Unterschied zu laborexperimentellen Kleingruppen eine gemeinsame Geschichte und Zukunft. Dies dürfte die Entwicklung und den Ablauf von Gruppenprozessen entscheidend beeinflussen, da das Verhalten vor dem Hintergrund dieser gemeinsamen Geschichte und Zukunft gedeutet und ausgewählt wird.

Der *Arbeitsauftrag* einer Gruppe kann sich beispielsweise auf die Montage eines Motors oder auf die Feinsteuerung der Fertigung oder auf die Verbesserung der Arbeitsabläufe beziehen. Art und Umfang der übertragenen Aufgaben beeinflussen wesentlich den Charakter der Gruppenarbeit.

Gemeinsame *Ziele* können sich durch die Übernahme und gemeinsame Interpretation des Arbeitsauftrags entwickeln und bilden die Grundlage für die Regulation der Arbeitsprozesse in der Gruppe. Während sich die Ziele somit aus den konkreten Gruppenaufgaben ableiten und zur Steuerung der entsprechenden Arbeiten dienen, beziehen sich die *Regeln*, *Normen* und *Werte* der Gruppe auf die Art und Weise ihrer Zusammenarbeit und die Grundorientierung der Gruppe.

Die *Rollenverteilung* drückt aus, wer welche Funktion in der Gruppe übernimmt und für welche Teilaufgabe zuständig ist. Sie kann mehr oder weniger flexibel sein. Ohne eine klare Rollenverteilung ist jedoch kaum die Ausführung einer gemeinsamen Arbeitsaufgabe möglich.

Die *Kooperation* bzw. das Ausmaß an Zusammenarbeit und wechselseitiger Beeinflussung der Gruppenmitglieder wird wesentlich davon beeinflusst, inwieweit die Aufgaben der Gruppe eine gemeinsame Planung, Durchführung und Steuerung erfordern. Je weniger Abstimmungsprozesse innerhalb der Gruppe für die Aufgabenausführung erforderlich sind, desto weniger kann von Gruppenarbeit gesprochen werden. Werden sowohl die Primäraufgabe (zum Beispiel Montageaufgaben), als auch die Sekundäraufgaben zur Systemerhaltung (zum Beispiel Wartung), Systemregulation (zum Beispiel Qualitätssicherung) und Systemoptimierung bzw. -weiterentwicklung (zum Beispiel Rationalisierung) von den Gruppenmitgliedern gemeinsam bearbeitet, so resultiert ein hohes Maß an Zusammenarbeit bzw. wechselseitiger Beeinflussung, das die Gruppe zusammenführt.

Unter *Wir-Gefühl* bzw. *Kohäsion* wird die Bindung an eine Gruppe verstanden. Deren Stärke hängt von der Attraktivität der Gruppe als Ganzes (Stolz auf die Gruppe), von der Qualität der emotionalen Beziehungen zwischen den Gruppenmitgliedern und der Attraktivität der Gruppenaufgabe (Aufgabenmotivation) ab. Von Bedeutung ist hierbei, inwieweit die Mitglieder auf die Gruppe angewiesen sind, um ihre eigenen Ziele zu erreichen. Darüber hinaus beeinflussen auch die übrigen angesprochenen Gruppenmerkmale die Kohäsion. Beispielsweise fördern die Ausführung einer gemeinsamen Aufgabe und die Erreichung gemeinsamer Ziele insbesondere in kleinen Gruppen den Zusammenhalt.

Anhand dieser Merkmale können Gruppen beschrieben und unterschieden werden. Je nach ihrer Ausprägung ist der Charakter einer Gruppe bzw. von Gruppenarbeit stärker oder geringer vorhanden. Da Arbeitsgruppen vor allem durch die gemeinsame Aufgabenstellung charakterisiert sind, ist die Art des Arbeitsauftrags für die Gruppe als Ganzes und für das einzelne Mitglied von besonderer Bedeutung für die Beschreibung und Differenzierung unterschiedlicher Formen der Gruppenarbeit.

Kapitel 3
Welche Formen der Teamarbeit gibt es?

Die zurzeit am häufigsten diskutierten Formen der Gruppenarbeit können fünf Grundtypen zugeordnet werden. Dies sind:

- Qualitätszirkel,
- Projektgruppen,
- klassische Arbeitsgruppen,
- Fertigungsteams und
- teilautonome Arbeitsgruppen.

Als erste grobe Orientierung können sie danach unterschieden werden, ob sie integrierter Bestandteil der regulären Arbeitsorganisation sind und eine kontinuierliche Zusammenarbeit im Rahmen der täglichen Arbeit erfordern oder ob sie quasi parallel zur bestehenden Organisationsstruktur eingeführt werden und ihre Mitglieder nur von Zeit zu Zeit zusammenarbeiten (vgl. Antoni 1990 und 1994; vgl. auch die folgende Abbildung auf S. 25).

Als typische Formen der Gruppenarbeit, die parallel zur herkömmlichen Organisationsstruktur bestehen und deren Mitglieder nur von Zeit zu Zeit zusammenarbeiten, können Qualitätszirkel und Projektgruppen gelten.

Qualitätszirkel haben sich in der Literatur als Oberbegriff für kleine Gruppen von Mitarbeitern der unteren Hierarchieebene etabliert, die sich regelmäßig auf freiwilliger Grundlage treffen, um selbstgewählte Probleme aus ihrem Arbeitsbereich zu bearbeiten (Antoni 1990).

Projektgruppen sind demgegenüber zeitlich befristete Gruppen, die aus Experten verschiedener Arbeitsbereiche zusammengesetzt werden, um neuartige, komplexe, vorgegebene Problemstellungen zu bearbeiten. Sie können zwar in der Regel als Beispiel für diskontinuierliche Gruppenarbeit parallel zur regulären Organisations-

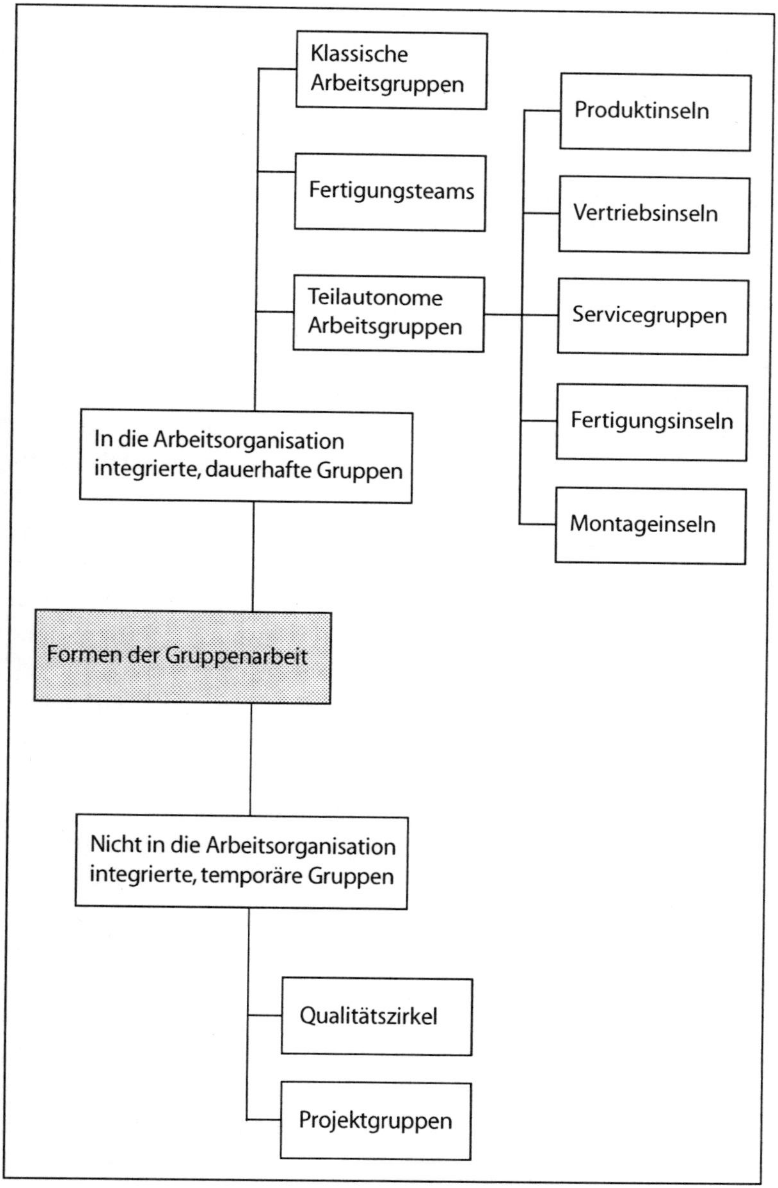

Formen der Gruppenarbeit

struktur gelten, doch gibt es auch Formen der Projektorganisation, bei denen sie Bestandteil der regulären Organisationsstruktur sind (vgl. Kieser/Kubicek 1992).

Zu Modellen der Gruppenarbeit, die Bestandteil der regulären Arbeitsorganisation sind und die eine kontinuierliche Zusammenarbeit bei der täglichen Arbeit erfordern, können klassische Arbeitsgruppen, Fertigungsteams und teilautonome Arbeitsgruppen gerechnet werden.

- Als *klassische Arbeitsgruppen* werden Gruppen bezeichnet, die funktions- und arbeitsteilig organisiert sind. Eine Gruppe von Mitarbeitern ist hier einem Vorgesetzten unterstellt und bearbeitet nach seinen Anweisungen einen gemeinsamen Arbeitsauftrag.
- Bei *Fertigungsteams* sind im Unterschied zu klassischen Arbeitsgruppen indirekte Funktionen, wie die Qualitätssicherung, in die Gruppen integriert. Die Integration indirekter Funktionen beschränkt sich jedoch auf produktionsnahe Tätigkeiten, ohne dispositive oder Vorgesetztenfunktionen einzubeziehen. Die Arbeitsabläufe in den Gruppen werden von den jeweiligen unmittelbaren Vorgesetzten gesteuert (Berggren 1991; Jürgens/Malsch/Dohse 1989).
- Im Unterschied zu klassischen Arbeitsgruppen und Fertigungsteams sind *teilautonomen oder selbstregulierenden Arbeitsgruppen* ganzheitliche Aufgaben eigenverantwortlich übertragen. Das heißt: Die Mitarbeiter übernehmen direkte und indirekte Tätigkeiten und steuern sich innerhalb der mit ihrem Vorgesetzten vereinbarten Rahmenbedingungen selbst.

Die Verbreitung dieser Konzepte in Deutschland ist sehr unterschiedlich (vgl. die Abbildung auf Seite 27). Bei einer Befragung im Jahre 1994 zum Einsatz von teilautonomen Arbeitsgruppen, Qualitätszirkeln und Projektgruppen, waren Projektgruppen am weitesten verbreitet (Antoni 1995). Deutlich weniger, aber immer noch knapp mehr als die Hälfte der Firmen nutzten Qualitätszirkel. Teilautonome Arbeitsgruppen fanden sich dagegen erst bei einem

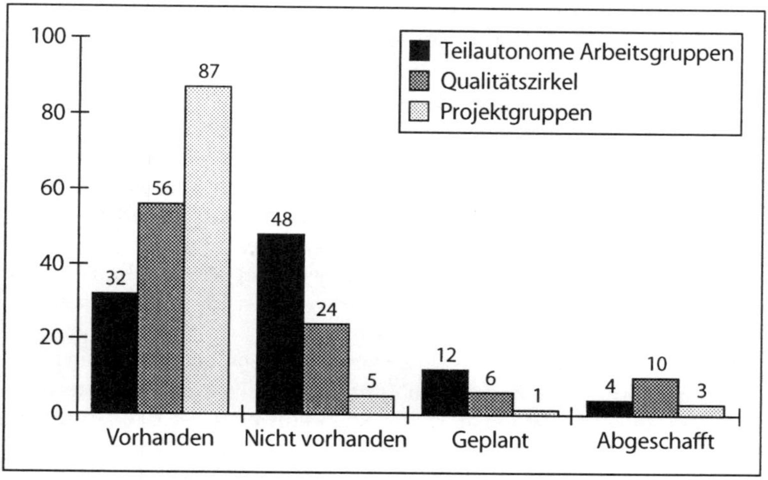

Verbreitung von Gruppenarbeit in den 100 umsatzgrößten deutschen Industrieunternehmen im Jahre 1994. Vier Unternehmen machten keine Angaben (Antoni 1995).

knappen Drittel der Unternehmen, allerdings planten etliche Unternehmen, sie einzuführen. Im Folgenden sollen diese einzelnen Modelle näher betrachtet werden.

Qualitätszirkel

Qualitätszirkel haben sich in der Literatur als Oberbegriff für kleine moderierte Gruppen von Mitarbeitern der unteren Hierarchieebene etabliert, die sich regelmäßig auf freiwilliger Grundlage treffen, um selbstgewählte Probleme aus ihrem Arbeitsbereich zu bearbeiten (Antoni 1990, 1994; Bungard 1992; Bungard/Wiendieck 1986; Zink/Schick 1984). Das Qualitätszirkel-Konzept wurde von vielen Unternehmen Anfang der Achtzigerjahre aus Japan übernommen und in betriebsspezifische Varianten umgesetzt, die häufig auch firmenspezifische Bezeichnungen tragen. Es finden sich daher viele mehr oder weniger ähnliche Auflistungen »typischer« Gestaltungsmerkmale von Qualitätszirkeln (vgl. Bungert/Antoni 1993, S. 4f.):

Gestaltungsmerkmale von Qualitätszirkeln

1) Bei Qualitätszirkeln handelt es sich um Gesprächsrunden von etwa fünf bis zehn Mitarbeitern aus unteren Hierarchieebenen.
2) Sie stammen anfangs in der Regel aus einem Arbeitsbereich. Im Zuge wachsender Erfahrungen mit Qualitätszirkeln werden dann häufig auch bereichsübergreifende Qualitätszirkel gebildet, wenn Schnittstellenthemen bearbeitet werden sollen.
3) Sie versuchen, auf freiwilliger Basis regelmäßig (alle zwei bis vier Wochen) arbeitsbezogene Probleme im weiteren Sinne zu besprechen und möglichst eigenverantwortlich zu lösen.
4) Die Moderation im Sinne der Diskussionsleitung übernimmt ein hierfür eigens z.B. in Moderations-, Konflikt- und Problemlösungstechniken geschulter Moderator. Dies kann entweder der direkte Vorgesetzte der Mitarbeiter, also z.B. der Vorarbeiter oder Meister, oder ein Kollege sein, der beispielsweise von der Gruppe gewählt wurde.
5) Die Gruppe wählt ihre (im weitesten Sinne qualitätsbezogenen) Themen selbst aus; sie werden in der Regel nicht von oben vorgegeben.
6) Die Produktqualität (z.B. im Sinne von weniger Ausschuss) ist dabei nur ein, wenn auch sehr wichtiger Teilaspekt, daneben werden Fragen der Arbeitssicherheit, der Arbeitsplatzgestaltung, der Arbeitsabläufe und -vorrichtungen und der Zusammenarbeit diskutiert.
7) Die Gesprächsrunden finden während der Arbeitszeit oder, insbesondere bei taktgebundener Fließbandarbeit, vor oder nach der Schicht gegen Überstundenbezahlung statt. Die Dauer beträgt jeweils ein bis zwei Stunden.
8) Die Moderatoren berichten regelmäßig (anhand eines Ergebnisprotokolls) einem Koordinator über die besprochenen Themen.
9) Von der Gruppe ausgearbeitete Problemlösungsvorschläge können im Rahmen des betrieblichen Vorschlagswesens honoriert werden und/oder sie werden mit Hilfe eines eigenen Belohnungssystems prämiert.

(Bungard/Antoni 1993, S. 4f.)

Bei derartigen Merkmalsauflistungen ist es wichtig, sich zu vergegenwärtigen, dass damit ein erster Eindruck vom Aufbau und Ablauf eines »idealtypischen« Qualitätszirkels vermittelt werden soll. Für die betriebliche Praxis gilt es, diese Aspekte den konkreten Anforderungen und Rahmenbedingungen vor Ort anzupassen. Dies bedeutet, dass es auch innerhalb eines Betriebes durchaus unterschiedliche Qualitätszirkel-Ausprägungen, beispielsweise hinsichtlich der Art der Zusammensetzung der Qualitätszirkel, der Häufigkeit und Dauer der Treffen, geben kann und bei Bedarf auch geben sollte. Allerdings muss bei all diesen möglichen Modellvarianten darauf geachtet werden, dass insbesondere der Aspekt der Freiwilligkeit, sowohl im Hinblick auf die Teilnahme als auch bei der Auswahl eines Themas, erhalten bleibt, da sonst nicht mehr von Qualitätszirkeln sondern eher von Projektgruppen gesprochen werden kann.

Anfang der Siebzigerjahre wurde in Deutschland mit der »Lernstatt« ein ähnliches Konzept entwickelt. Seinen Ursprung nahm es in der Sprachschulung kleiner Gruppen ausländischer Mitarbeiter durch eigens dazu ausgebildete betriebliche Vorgesetzte. Sie vermittelten die im Alltag benötigten fach- und umgangssprachlichen Kenntnisse problemorientiert vor Ort. Dadurch erwarben die Teilnehmer zugleich Fachkenntnisse und ein Verständnis für betriebliche Zusammenhänge. Die Werkstatt wurde zu einem Ort des Lernens, zur Lernstatt. Sukzessive wurde die Lernstatt weiterentwickelt, indem alle Mitarbeiterinnen und Mitarbeiter an betrieblichen Lern- und Problemlösungsprozessen beteiligt wurden.

Im Rahmen der Problembearbeitung sollen die Teilnehmer einer Lernstatt oder von Qualitätszirkeln Probleme identifizieren, auswählen, analysieren und Lösungsvorschläge entwickeln sowie genehmigte Problemlösungen möglichst auch selbst umsetzen und deren Erfolg kontrollieren. Die gemeinsame Aufgabenbearbeitung beschränkt sich auf ein- bis zweistündige Treffen, die etwa alle zwei bis vier Wochen stattfinden (vgl. folgende Abbildung). Qualitätszirkel arbeiten somit parallel zur regulären Organisationsstruktur. Ihre Einführung verändert folglich auch nicht die vorhandene Funktions- und Arbeitsteilung. Bei tayloristischen Formen der Arbeitsorganisation bieten sie die Möglichkeit, die Trennung von Kopf- und Handarbeit im Rahmen der Qualitätszirkel-Treffen zu überwinden.

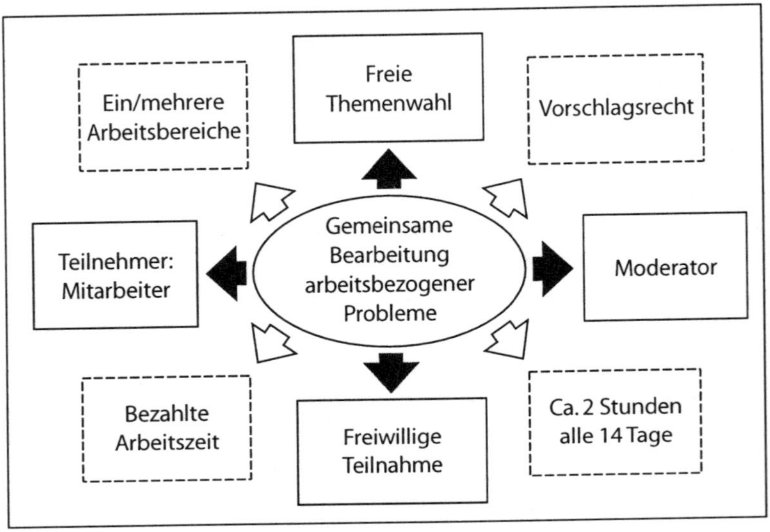

Merkmale von Qualitätszirkeln

Qualitätszirkel können lediglich Verbesserungsvorschläge im Hinblick auf die Regulation oder Gestaltung des Arbeitssystems erarbeiten. Die Mitglieder besitzen selbst keine Entscheidungskompetenz. Ihre Mitbestimmungsmöglichkeiten beschränken sich in der Regel auf die interne Organisation und die Inhalte der Qualitätszirkel-Arbeit. So können manche Qualitätszirkel-Gruppen ihre Moderatoren selbst wählen, sie können ihre Themen selbst bestimmen und auch die Methode der Problembearbeitung. Die Vielfalt möglicher Themen, die in Qualitätszirkeln bearbeitet werden können, ist groß. Mit Ausnahme von tarifvertraglich geregelten Themen bestehen meist keine Einschränkungen in der Themenwahl, solange die Themen den eigenen Arbeitsbereich betreffen.

Die Arbeit von Qualitätszirkeln erfordert in Großunternehmen eine stärkere Strukturierung und Formalisierung als in kleineren Betrieben. Diese Strukturelemente haben die Funktion, die notwendigen Rahmenbedingungen für die Arbeit der Qualitätszirkel und die erforderliche Unterstützung sicherzustellen (vgl. die Abbildung auf der nächsten Seite).

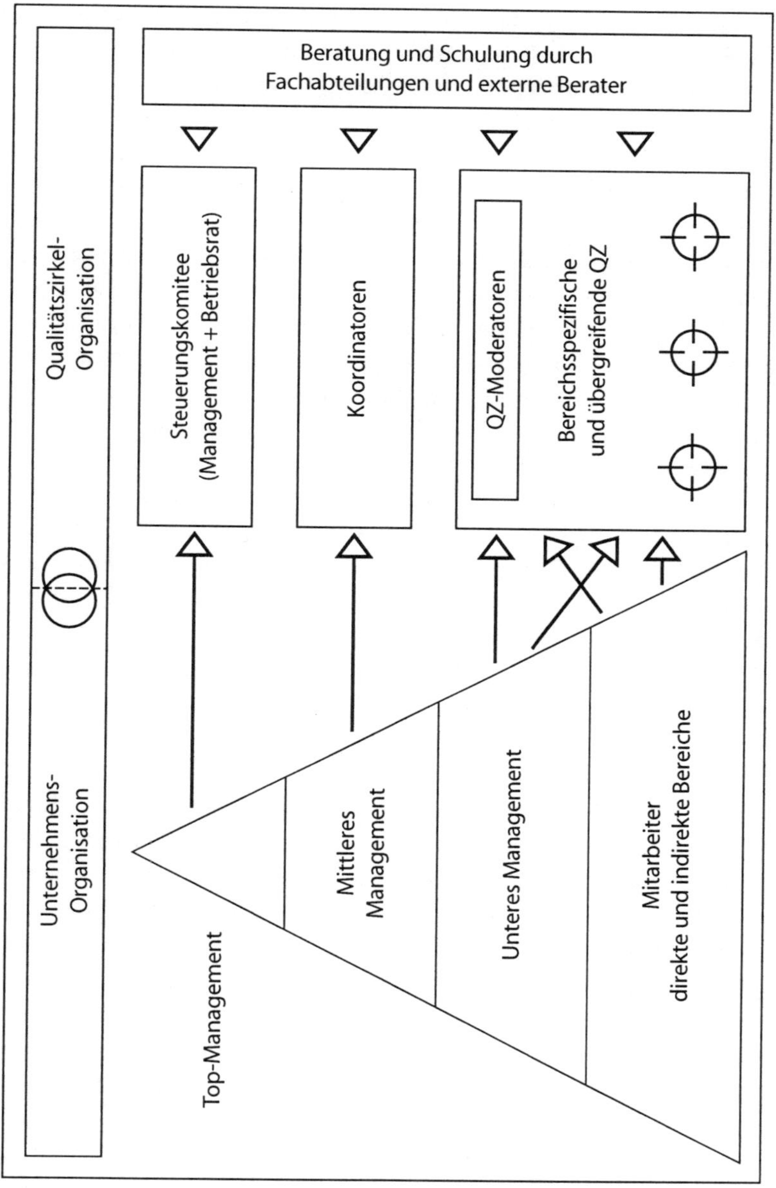

Struktur eines Qualitätszirkel-Modells

Besondere Bedeutung kommt dem unmittelbaren Vorgesetzten zu, in der Produktion ist dies in erster Linie der Meister. Sofern er nicht Moderator des Qualitätszirkels ist, kann er beispielsweise, wie auch Vertreter von Fachabteilungen, als Experte eingeladen werden, um seine Sicht eines Problems zu schildern, um zu informieren oder um mit der Gruppe über Lösungsalternativen zu diskutieren. Der Meister ist erneut gefordert, wenn die Gruppe Verbesserungsvorschläge ausgearbeitet hat, die in seinen Verantwortungsbereich fallen, über die er dann entscheiden muss. Da im Vergleich zu japanischen Unternehmen Meister hier zu Lande auf Grund der stärkeren Funktionsteilung meist deutlich weniger Entscheidungskompetenzen haben bzw. hatten, muss über Verbesserungsvorschläge der Qualitätszirkel häufig in Fachabteilungen oder zumindest in einem erweiterten Managementkreis entschieden werden. Die nicht zuletzt durch diese längeren Entscheidungswege entstehenden zeitlichen Verzögerungen stellen bis heute eines der Hauptprobleme der Qualitätszirkel-Arbeit dar. Hinzu kommt noch, dass diese Entscheidungsstrukturen, mit zum Teil mehreren zuständigen Entscheidungsträgern, es Gegnern des Konzeptes sehr leicht machen, unauffällig Sand in das Getriebe zu streuen, um Qualitätszirkel »einschlafen zu lassen« (Antoni 1994).

Um Widerstände insbesondere in Fachabteilungen und im mittleren Management zu überwinden, wurden in Großunternehmen die Funktionen der Koordinatoren und Steuerkreise eingerichtet. Wesentliche Aufgabe des *Koordinators* ist, die Qualitätszirkel bei auftretenden internen oder externen Schwierigkeiten zu unterstützen und auf die Einhaltung von Spielregeln zu achten. Beispielsweise kann in Betriebsvereinbarungen festgelegt werden, dass Vorschläge von Qualitätszirkeln innerhalb einer bestimmten Zeit zu bearbeiten sind, eventuelle Ablehnungen differenziert begründet sein müssen und vor dem Steuerungskomitee angefochten werden können. Der *Steuerkreis*, der in der Regel aus Vertretern von Management und Betriebsrat besteht, prüft dann die Einhaltung der von ihm definierten Spielregeln der Qualitätszirkel-Arbeit.

Diese Maßnahmen belegen, dass in Unternehmen mit zentralisierten Entscheidungsstrukturen, starker Funktionsteilung und hierarchischer Führungskultur Qualitätszirkel zunächst einen

Fremdkörper darstellen, der leicht eingekapselt und wirkungslos gemacht werden kann. Wichtige Voraussetzungen für die erfolgreiche Einführung von Qualitätszirkeln sind daher Funktionsintegration, dezentrale Entscheidungsstrukturen und die Bereitschaft, Mitarbeiter an Problemlösungen zu beteiligen. Qualitätszirkel sollten in eine umfassende Managementstrategie eingebunden sein und im Rahmen eines Organisationsentwicklungsprozesses eingeführt werden.

In der Bundesrepublik sind in der Vergangenheit nur relativ wenige Unternehmen diesen Weg gegangen. Dies könnte sich ändern, wenn Qualitätszirkel in Lean-Management-, Kaizen- oder Total-Quality-Management-Programme eingebunden werden. In jedem dieser Ansätze wird das Management, insbesondere das Top Management, in die Pflicht genommen, Strategien zu entwickeln und umzusetzen, die als gemeinsamen Kern eine Funktionsintegration, dezentrale Entscheidungsstrukturen und eine stärkere Mitarbeiterbeteiligung an Problemlösungs- und Verbesserungsprozessen beinhalten.

Zurzeit kann beispielsweise beobachtet werden, dass in vielen Unternehmen Qualitätszirkel unter der Bezeichnung *KVP-Gruppen* revitalisiert oder neu eingeführt werden. KVP steht dabei für kontinuierlicher Verbesserungsprozess, japanisch »*Kaizen*« oder englisch »Continuous Improvement Process (CIP)«. Es finden sich aber auch hier unternehmensspezifische Bezeichnungen für Kaizen-Programme und Kaizen-Gruppen. Die Bezeichnung KVP-Gruppe ist allerdings mehrdeutig. Nicht alle KVP-Gruppen können dem Qualitätszirkel-Konzept subsumiert werden. Imai (1992) beschreibt in seinem Buch »Kaizen« zwei Arten von Gruppen, nämlich Qualitätszirkel auf der Ebene der Mitarbeiter und Projektgruppen auf Managementebene. In Kaizen-Programmen deutscher Unternehmen werden beide Arten zum Teil als KVP- oder CIP-Gruppen bezeichnet. Ferner finden sich häufig auch Mischformen, wie beispielsweise hierarchisch heterogene KVP-Gruppen. Die Grenze zwischen Qualitätszirkeln und Projektgruppen verwischt somit zunehmend. Auch das Entscheidungskriterium Freiwilligkeit der Teilnahme und der Themenwahl ist nicht immer trennscharf, denn auch die Freiwilligkeit ist ein dehnbarer Begriff.

Projektgruppen

Projekte sind abgegrenzte Vorhaben, die unter einmaligen Rahmenbedingungen eine bestimmte Zielsetzung mit zeitlich, finanziell und personell begrenzten Mitteln und einer projektspezifischen Organisation erreichen sollen (DIN 69901, 1987). Zu ihrer Bearbeitung werden seit langem Projektgruppen, Projektteams oder Task Forces eingesetzt (Frese 1980; Kieser/Kubicek 1992). Projektgruppen sind zeitlich befristete Gruppen, die aus Experten verschiedener Arbeitsbereiche zusammengesetzt werden, um neuartige, komplexe Problemstellungen zu bearbeiten (Antoni 1994).

Damit unterscheiden sich Projektgruppen von Qualitätszirkeln (vgl. nächste Abbildung). So wird die Zielsetzung von Projektgruppen vom Management vorgegeben und bezieht sich auf die Bearbeitung einer abgegrenzten, einmaligen Aufgabenstellung, von der mehrere Organisationseinheiten betroffen sind. Projektgruppen setzen sich meist aus Experten und Führungskräften zusammen, die für die Lösung des konkret vorgegebenen Problemkreises entsprechend ihrer Sachkompetenz ausgewählt wurden und für die Dauer der Projektbearbeitung zusammenarbeiten.

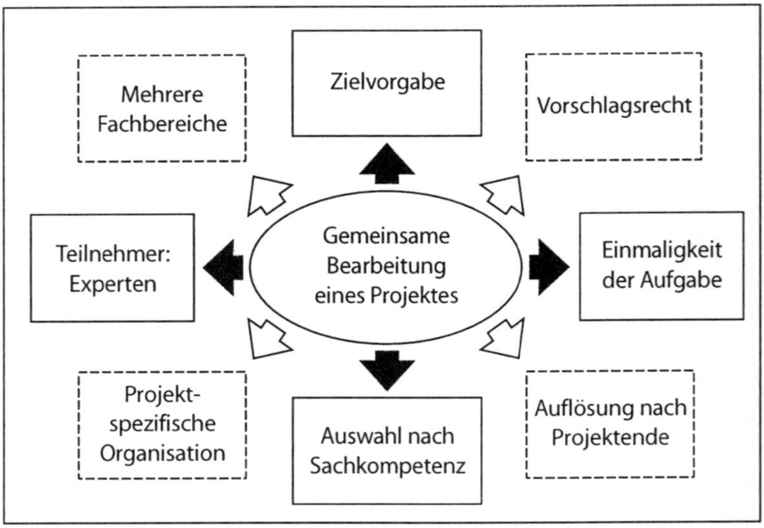

Merkmale von Projektgruppen

Im Gegensatz zu Qualitätszirkeln ist die Teilnahme somit nicht freiwillig, sondern resultiert aus einem Arbeitsauftrag. Im Vordergrund der Projektgruppen steht die effiziente Auftragsbearbeitung und nicht wie bei Qualitätszirkeln der Einbezug der Mitarbeiter in betriebliche Problemlösungsprozesse, folglich werden auch die Gruppen nach fachlichen Kriterien zusammengesetzt und nach Abschluss der Arbeit wieder aufgelöst. Zielgruppe ist primär das mittlere Management und nicht die unteren Hierarchieebenen, wie dies bei Qualitätszirkeln der Fall ist.

Die Art ihrer Eingliederung in die Gesamtorganisation ist abhängig von der gewählten Projektorganisation. Vier Typen können nach dem Grad der organisatorischen Verselbstständigung des Projektziels unterschieden werden (Frese 1980):

- die *Stabs-Projektorganisation,* bei der die Projektkoordination von Stäben wahrgenommen wird und die Projektmitarbeiter in ihren Stammabteilungen verbleiben (Einfluss-Projektmanagement);
- die *Matrix-Projektorganisation*, die auf einer Kompetenzaufteilung in ein funktions- und ein projektorientiertes Leitungssystem beruht, und bei der die Projektmitarbeiter zwar wie bei der Stabs-Projektorganisation in den Stammabteilungen verbleiben, jedoch projektbezogene fachliche Weisungen von dem Projektmanager bzw. der spezifischen Projekteinheit erhalten;
- die *Schaffung projektorientierter Teilbereiche*, das heißt: die Aufgliederung von Fachbereichen, wie zum Beispiel der Entwicklung nach Projekten, wobei hier meines Erachtens der Projektcharakter fraglich wird, sowie
- die *reine Projektorganisation*, bei der die am Projekt beteiligten Personen aus den verschiedenen Unternehmensbereichen für die Zeitdauer des Projekts freigestellt und einem selbstständigen Projektbereich zugeordnet werden.

Abgesehen von der Schaffung projektorientierter Teilbereiche führt die Einführung einer Projektorganisation, wie auch die Implementierung von Qualitätszirkeln, zu einer neuen Gruppenstruktur, die nicht in die traditionelle, unverändert weiter bestehende Organisationsstruktur integriert ist. Nur bei der Bildung projektorientierter Teilbereiche wird die herkömmliche Organisationsstruktur dauerhaft verändert. Während sich bei der Stabs- und der Matrix-Projektorganisation Projektgruppen wie Qualitätszirkel nur von Zeit zu Zeit treffen, arbeiten die Projektmitarbeiter bei der reinen Projektorganisation für die Projektdauer kontinuierlich zusammen.

Allen vier Formen der Projektorganisation ist der Grundgedanke gemein, eine komplexe Aufgabenstellung, die auf Grund ihrer Einmaligkeit nicht optimal innerhalb der regulären, sehr differenzierten Organisationsstruktur bearbeitet werden kann, durch Zusammenführung von Experten aus den betroffenen Organisationseinheiten in einer gemeinsamen Arbeitsgruppe zu lösen. Bei der Stabs- und Matrix-Projektorganisation betrifft die Projektaufgabe nicht die Primäraufgabe der Projektgruppenmitglieder, sondern stellt eine Zusatzaufgabe dar. Bei der reinen Projektorganisation und der Schaffung projektorientierter Teilbereiche dagegen ist die Projektaufgabe primär. Je nachdem, inwieweit den Projektmitgliedern Möglichkeiten zur Selbstregulation übertragen werden, können bei diesen beiden Modellen auch Projektgruppen in Form teilautonomer Arbeitsgruppen gebildet werden.

In welchem Ausmaß die Mitglieder der Projektgruppe an den Entscheidungsprozessen beteiligt werden, wie sich ihr Handlungsspielraum verändert, ist zunächst offen. Untersuchungen in deutschen Unternehmen ergaben (Antoni u.a. 1990), dass Projektgruppen meist über weniger Entscheidungsspielraum bei der Ausführung ihrer Arbeit verfügten als Qualitätszirkel oder gar teilautonome Arbeitsgruppen. Allerdings wurde in dieser Untersuchung nicht nach der Form der Projektorganisation differenziert. Inhalte, Projektleiter und -teilnehmer wurden bei den meisten Unternehmen vom Topmanagement festgelegt. Wie Qualitätszirkel besitzen Projektgruppen meist nur ein Vorschlagsrecht, wie sie ein Problem lösen oder eine Aufgabe bearbeiten würden, die Entscheidungskompetenz liegt beim Management. Die Vielfältigkeit der Aufgaben hängt wesentlich von der Komplexität der Auftragsstellung ab. Bei kleineren Projekten kann sie geringer als bei Qualitätszirkeln sein, die unterschiedliche Themen bearbeiten können. Bei komplexen Projekten liegt sie dagegen ungleich höher.

Klassische Arbeitsgruppen

Unter klassischen Arbeitsgruppen werden Gruppen von Mitarbeitern verstanden, die eine gemeinsame Aufgabe stark funktions- und arbeitsteilig durchführen. In einer klassischen Arbeitsgruppe gehört die Arbeitsverteilung, die Feinsteuerung der Fertigung, die Personal- und Arbeitszeitplanung zu den Aufgaben des Meisters. Er kontrolliert, ob die Mitarbeiter vorschriftsmäßig arbeiten und ist für die Lösung auftretender Probleme zuständig. Die Aufgaben der Mitarbeiter beschränken sich auf unmittelbar produzierende Tätigkeiten. Unterstützende Tätigkeiten wie Transport oder Wartung und Instandhaltung werden von anderen Funktionsbereichen ausgeführt. Dies gilt ebenfalls für planende, steuernde und kontrollierende Tätigkeiten. Da bei der klassischen Arbeitsgruppe jeder Mitarbeiter seine eigene Aufgabe hat, keine gemeinsame Gruppenaufgabe und keine gemeinsamen Ziele im engeren Sinne bestehen, sind im Grunde, wie bereits erwähnt, die Kriterien der hier zu Grunde gelegten Definition von Gruppenarbeit nicht erfüllt.

Durch die tayloristische Arbeits- und Funktionsteilung ist in klassischen Arbeitsgruppen der Handlungsspielraum der Mitarbeiter und der der Meister stark eingeschränkt. Eine Vielzahl indirekter Aufgaben, die bei teilautonomen Arbeitsgruppen in die Produktion reintegriert und Mitarbeitern oder Meistern übertragen sind, liegen bei Abteilungen wie der Arbeitsvorbereitung, der Qualitätssicherung, der Fertigungssteuerung oder der Logistik.

Der Unterschied zwischen klassischen und teilautonomen Arbeitsgruppen kann an der Arbeitsorganisation eines flexiblen Fertigungssystems verdeutlicht werden. In einer klassischen Arbeitsgruppe werden die Tätigkeiten des Beschickens und Entladens von ungelernten Mitarbeitern, das Rüsten und Überwachen von Angelernten durchgeführt; die Arbeitseinteilung und die Personalplanung erfolgen durch einen Meister, die Steuerung des Systems wird von Technikern durchgeführt; Mitarbeiter anderer Bereiche programmieren und warten die Anlage, sind für die Einstellung der Werkzeuge und die Produktqualität verantwortlich. Eine teilautonome Arbeitsgruppe übernimmt idealtypisch alle Aufgaben, mit Ausnahme komplexer Instandhaltungs- und Programmiertätigkeiten, führt sie im Wechsel aus und regelt Arbeitseinteilung und Personalplanung eigenverantwortlich (Brödner 1985). Anhand dieses Beispiels lässt sich auch leicht veranschaulichen, dass zwischen diesen beiden Varianten der Arbeitsorganisation viele Zwischenformen realisiert werden können. Eine spezifische Zwischenform stellen funktionsintegrierte, arbeitsteilige Fertigungsteams dar.

Fertigungsteams

Das Konzept der Fertigungsteams, wie es insbesondere von japanischen Unternehmen praktiziert wird, zeichnet sich durch eine bedingte Beibehaltung der tayloristischen Arbeitsteilung und durch eine Integration indirekter Funktionen in die Produktion aus (vgl. Berggren 1991; Jürgens u.a. 1989). Das fordistische Fließband bzw. die taktgebundene Fließfertigung bleibt als zentrales Merkmal bestehen. Die dadurch verursachte technische Abhängigkeit der einzelnen Arbeitsstationen wird sogar noch durch die weitgehende Beseitigung jeglicher Puffer im Zuge der *Just-in-time-Fertigung* weiter gesteigert. Auch die tayloristische Arbeitsteilung mit kurzen Arbeitszyklen, in der Regel deutlich unter zwei Minuten, bleibt bestehen. Im Gegensatz zum Taylorismus-Fordismus wird das Fließband jedoch in Arbeitsteams mit jeweils zirka zehn Mitgliedern pro Team geteilt. Von den Teammitgliedern wird erwartet, dass sie mindestens drei Stationen in ihrem Team beherrschen. Dies gewährleistet die notwendige personelle Flexibilität. Darüber hinaus wird angestrebt, dass jeder Mitarbeiter möglichst jede Station in seinem Team beherrscht, um die Flexibilität weiter zu steigern. Dennoch liegt bei Mitarbeitern, die an allen Stationen eingesetzt werden können, der gesamte Arbeitsumfang, für den sie qualifiziert sind, auf Grund der kurzen Taktzyklen meist unter 20 Minuten.

Neben der Ausführung der direkten Tätigkeiten wird von den Teammitgliedern erwartet, dass sie auch die Verantwortung für die Qualität ihrer Arbeit übernehmen. Dies bedeutet in der Regel, dass sie eine Sichtkontrolle der von ihnen und von ihren Vorgängern ausgeführten Arbeitsschritte vornehmen und, soweit möglich, etwaige Fehler vor Ort selbst beheben. Falls dies innerhalb ihres Arbeitsbereichs nicht möglich ist, sollen sie ihren Teamleiter verständigen. Um die Qualität der Produkte in jedem einzelnen Arbeitsschritt zu garantieren, wird von den Mitarbeitern eine strikte Einhaltung der vorgegebenen Arbeitsstandards erwartet. Jede Operation, jeder Handgriff ist in der vorgeschriebenen Weise auszuführen. Stellt ein Mitarbeiter dabei fest, dass eine Vorschrift eine effektivere Arbeitsausführung behindert, wird von ihm erwartet, dass er dies meldet bzw. am besten gleich einen Verbesserungsvorschlag unterbreitet, der zu einem neuen, verbesserten Arbeitsstandard führt.

Die Fertigungsteams werden von einem vom Meister ernannten *Teamleiter* betreut. Der Teamleiter übernimmt die Rolle eines Vorarbeiters und unterstützt den Meister vor Ort. Disziplinarischer Vorgesetzter von in der Regel zwei Teams mit etwa 20 Mitarbeitern ist der *Meister.* Er hat im Vergleich zu der Meisterrolle tayloristisch-fordistisch strukturierter Unternehmen einen großen Kompetenz- und Verantwortungsbereich. Als *Werkstattmanager* teilt er nicht nur die Mitarbeiter den einzelnen Arbeitsstationen zu, sondern ist darüber hinaus für deren Ausbildung und Lohneinstufung sowie für die Arbeits- und Prozessgestaltung in seinem Verantwortungsbereich maßgeblich mitverantwortlich. Zu seinen wesentlichen Aufgaben gehören die Überwachung der Einhaltung der Arbeitsstandards und deren permanente Verbesserung. Trotz der im Vergleich zu tayloristischen Arbeitsstrukturen größeren Kompetenzen der Meister ist die soziale Distanz zu den Mitarbeitern nicht so ausgeprägt. Insgesamt wird über eine geringere vertikale und horizontale Segmentierung japanischer Unternehmen berichtet.

Die konsequente Einhaltung von vereinbarten Abläufen und Arbeitsstandards einerseits und deren kontinuierliche Verbesserung als individuelle und im Rahmen von Qualitätszirkeln oder Projektgruppen kollektive Aufgabe von Mitarbeitern und Vorgesetzten andererseits wurde von Imai (1992) unter dem Begriff *Kaizen* als wesentliches Charakteristikum des japanischen Produktionssystem bezeichnet. Die Motivation zur kontinuierlichen Verbesserung resultiert zum Großteil aus dem *Prinzip der pufferlosen Fertigung* und ständig wachsenden Ziel- bzw. Rationalisierungsvorgaben. Auf Grund des damit verbundenen unbegrenzten Leistungsdrucks auf Mitarbeiter und Management lassen sich auf diese Weise selbst kleine Störungen nicht verdecken und erzeugen so viel Stress, dass sie und ihre Ursachen konsequent beseitigt werden. Die Verfolgung der Unternehmensziele steht bei diesem Vorgehen eindeutig im Vordergrund. Um diese, trotz eventueller Störungen, zu erreichen, stehen Zeitpuffer zwischen den Schichten zu Verfügung. Die in der Regel im Zwei-Schichtbetrieb arbeitenden Unternehmen haben dadurch täglich zwei Stunden zwischen Früh- und Spätschicht sowie weitere Zeitpuffer im Anschluss an die Spätschicht zur Verfügung, um das Tagesproduktionsziel noch zu erreichen.

In den Fertigungsteams sind die Mitarbeiter primär für die ihnen jeweils übertragene Arbeit verantwortlich. Die Regulation der Gruppe erfolgt durch den Teamleiter bzw. den Meister. Aus diesem Grunde erscheint es, wie bereits erwähnt, auch bei den Fertigungsteams nur bedingt gerechtfertigt, von Gruppenarbeit zu sprechen. Da jedoch die Aufgaben und Ziele der Gruppe für den einzelnen Mitarbeiter stärker als bei klassischen Arbeitsgruppen im Vordergrund stehen, erscheint der Gruppenbegriff zumindest im Vergleich zu diesen eher gerechtfertigt. Die kooperative Ausführung einer gemeinsamen Aufgabe beschränkt sich in Fertigungsteams jedoch vorwiegend auf die Arbeit der Qualitätszirkel und KVP-Gruppen innerhalb der Fertigungsteams. Die eigenverantwortliche Bearbeitung einer gemeinsamen Aufgabe steht dagegen im Mittelpunkt des Konzepts der teilautonomen Arbeitsgruppe, auf das im nächsten Abschnitt eingegangen werden soll.

Teilautonome Arbeitsgruppen

In Deutschland wird mit dem Begriff der Gruppenarbeit in der Regel noch immer das Modell selbstregulierender Arbeitsgruppen assoziiert, das durch die skandinavischen Experimente von Volvo bzw. Saab (Aguren/Edgren 1980; Berggren 1991; Emery/Thorsrud 1982; Ulich 1983) oder durch die Pilotprojekte im Rahmen des Programms zur Humanisierung des Arbeitslebens in Deutschland bereits in den Siebzigerjahren bekannt wurde (BMFT 1980; 1987; Gaugler/Kolb/Ling 1977). Allerdings haben sich in der aktuellen Diskussion die Zielprioritäten für deren Einführung verschoben.

Ziele und Verbreitung

Auslöser für die Einführung teilautonomer Arbeitsgruppen waren bei den skandinavischen Projekten der Siebzigerjahre in erster Linie hohe Fluktuations- und Abwesenheitsraten. Nicht zu verkennen ist ferner der politische Anspruch zur Demokratisierung und menschlicheren Gestaltung der Arbeitswelt, wie er insbesondere im norwegischen Programm zur industriellen Demokratie, aber auch im deutschen Programm zur Humanisierung des Arbeitslebens zum Ausdruck kam (Emery/Thorsrud 1982). Primäre Zielsetzung war es, die Fluktuations- und Abwesenheitsquote durch interessantere Arbeitsgestaltung, insbesondere durch mehr Selbstbestimmung am Arbeitsplatz zu senken. Auf diese Weise sollte eine menschengerechtere Arbeitsgestaltung und über niedrigere Personalkosten eine höhere Produktivität erreicht werden (Rohmert/Weg 1976).

Diese Zielsetzung hat sich bei den Projekten zur Einführung teilautonomer Gruppenarbeit in den Neunzigerjahren deutlich verschoben. Vor dem Hintergrund einer schwierigen wirtschaftlichen Situation wird mit der Einführung von Gruppenarbeit vor allem eine Produktivitätssteigerung angestrebt. Zwar sollen auch die Mitarbeitermotivation und ihre Arbeitssituation verbessert werden, doch steht die Erhöhung der Produktivität, Qualität und Flexibilität eindeutig im Vordergrund. Die Erreichung dieser Ziele verspricht man sich vor allem durch eine Integration indirekter Tätigkeiten, durch eine Flexibilisierung der Mitarbeiter und durch einen von allen getragenen kontinuierlichen Verbesserungsprozess.

Mit den veränderten Zielschwerpunkten ging eine deutliche Veränderung des Interesses an Gruppenarbeit einher. Blieben in den Siebzigerjahren in Deutschland die Projekte zur Einführung teilautonomer Arbeitsgruppen im Wesentlichen auf die Laufzeit der Pilotprojekte im Rahmen des Programmes zur Humanisierung der Arbeitswelt begrenzt, ist in den Neunzigerjahren ein breites Interesse der Industrie festzustellen. Dies zeigt sich auch in einer deutlichen Zunahme der Verbreitung teilautonomer Arbeitsgruppen seit Anfang der Neunzigerjahre, insbesondere in den Bereichen der Metall- und Elektroindustrie. Im Jahre 1990 hatten lediglich 23 Prozent der 100 umsatzstärksten Industrieunternehmen Erfahrungen mit teilautonomen Arbeitsgruppen, und nur ein Unternehmen plante ihre Einführung. Im Jahre 1994 hatten bereits 32 Prozent der 100 umsatzgrößten Industrieunternehmen teilautonome Arbeitsgruppen eingeführt, und weitere zwölf Prozent planten ihre Einführung (Antoni 1995).

Diese Zahlen dürfen jedoch nicht darüber hinwegtäuschen, dass in den meisten Unternehmen erst in wenigen Bereichen teilautonome Arbeitsgruppen eingeführt waren und nur ein geringer Teil der Mitarbeiter in den Gruppen arbeitete. Die Hälfte der Unternehmen mit teilautonomen Arbeitsgruppen hatte 1994 immer noch zwölf oder weniger Gruppen eingeführt, in denen maximal zwölf Prozent ihrer Mitarbeiter beschäftigt waren. Dieser zurzeit noch geringe Durchdringungsgrad dürfte nicht zuletzt darauf zurückzuführen sein, dass die Einführung teilautonomer Arbeitsgruppen eine durchgreifende Veränderung der Arbeitsorganisation und der Führungskultur voraussetzt.

Konzeptmerkmale teilautonomer bzw. selbstregulierender Arbeitsgruppen

Das Konzept teilautonomer Arbeitsgruppen verknüpft die Gedanken der Arbeitserweiterung (Job Enlargement), der Arbeitsbereicherung (Job Enrichment) und des Arbeitswechsels (Job Rotation) und überträgt diese auf eine Gruppensituation. Auf diese Weise wird versucht, den kollektiven Handlungsspielraum der Gruppe hinsichtlich des Entscheidungs-, Tätigkeits- und Interaktionsspielraums zu vergrößern. Entsprechend versteht man unter einer *teilautonomen* oder *selbstregulierenden Arbeitsgruppe* (*TAG*) eine kleine Gruppe von Mitarbeitern, denen die Erstellung eines kompletten (Teil-)Produktes oder einer Dienstleistung mehr oder weniger verantwortlich übertragen wurde (vgl. Alioth 1980; Lattmann 1972; Rohmert/Weg 1976). Teilautonome Arbeitsgruppen sind funktionale Einheiten der regulären Organisationsstruktur, deren Mitglieder bei der täglichen Arbeit konstant zusammenarbeiten.

Innerhalb der Gruppen wird ein *flexibler Arbeitseinsatz* der Mitarbeiter angestrebt (*Job Rotation*). Das heißt, der einzelne Mitarbei-

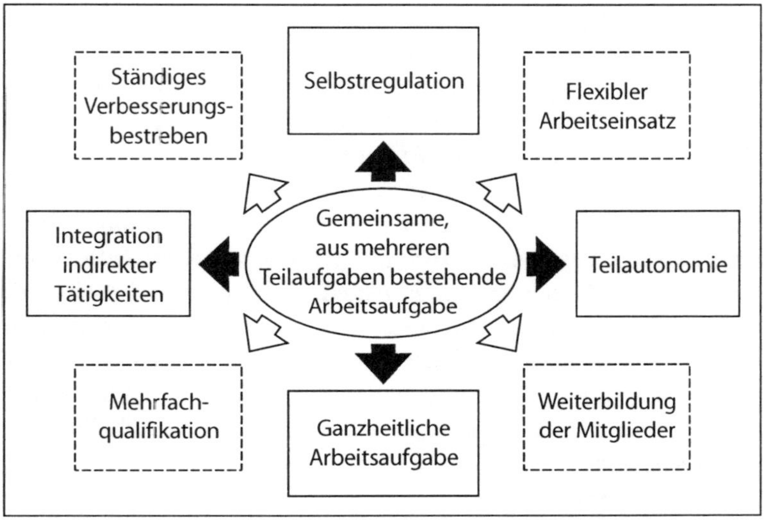

Merkmale selbstregulierender Arbeitsgruppen

ter soll zwischen verschiedenen Arbeitsplätzen wechseln und unterschiedliche Aufgaben übernehmen können. Dies setzt voraus, dass er für diese Tätigkeiten qualifiziert ist bzw. für sie qualifiziert wird. Die *Weiterbildung* der Gruppenmitglieder sollte sowohl direkte wie indirekte Tätigkeiten umfassen. Inwieweit jeder Mitarbeiter für jede Tätigkeit in seiner Gruppe qualifiziert werden kann, ist wesentlich von der Heterogenität der verschiedenen Teilaufgaben und den Fähigkeiten der Mitarbeiter abhängig. Eine völlige Flexibilität des Arbeitseinsatzes kann daher oft nur bei relativ homogenen Anforderungen auf den verschiedenen Arbeitsplätzen in der Gruppe erreicht werden. In diesem Zusammenhang ist zu bedenken, dass die Zielsetzung, alle Mitarbeiter einer Gruppe für alle Arbeitsplätze qualifizieren zu wollen, leicht zur Überforderung einzelner Mitarbeiter und zur Ausgrenzung leistungsschwächerer Mitarbeiter führen kann. In welchem Ausmaß eine *Mehrfach- bzw. polyvalente Qualifikation* der Gruppenmitglieder angestrebt werden sollte, kann daher sinnvoll nur für den Einzelfall bestimmt werden.

Durch die Tätigkeit an verschiedenen Arbeitsplätzen werden gegebenenfalls unterschiedliche körperliche und qualifikatorische Anforderungen an die Mitarbeiter gestellt. Dies kann zu einem in gesundheitlicher Hinsicht positiven Belastungswechsel, zu einer als abwechslungsreicher erlebten Arbeit und zu einer breiteren Qualifizierung der Mitarbeiter führen. Bezogen auf die Gesamtzahl der Tätigkeiten, die ein Mitarbeiter in einer Gruppe ausführen kann, entspricht dies auch einer *Arbeitserweiterung* (*Job Enlargement*). Solange die Tätigkeiten an den einzelnen Arbeitsplätzen jedoch stark arbeitsteilig organisiert und durch kurze Taktzyklen geprägt sind, ist der Handlungsspielraum der einzelnen Mitarbeiter nach wie vor sehr eingeschränkt, es kann nicht von vollständigen Tätigkeiten gesprochen werden. Entsprechend des Konzeptes des Job Enlargements soll sich in teilautonomen Arbeitsgruppen daher auch möglichst der Arbeitsumfang an den einzelnen Arbeitsplätzen vergrößern. Im Falle des Volvo-Werkes in Uddevalla ging dies so weit, dass der Arbeitszyklus eines Mitarbeiters mehrere Stunden umfasste. Im Hinblick auf die Ausführung *ganzheitlicher Aufgaben*, sollte der kollektive Arbeitsumfang einer Gruppe ein komplettes (Teil-)Produkt oder eine Dienstleistung umfassen. In Uddevalla bedeutete dies, dass eine Gruppe ein komplettes Auto montieren konnte (Berggren 1991).

Entscheidendes Kennzeichen teilautonomer bzw. selbstregulierender Arbeitsgruppen ist, dass sie die Planung, Steuerung und Kontrolle der übertragenen Aufgaben zumindest zum Teil selbst durchführen. D.h. es wird nicht nur eine quantitative Arbeitserweiterung, sondern auch eine qualitative *Arbeitsbereicherung* (*Job Enrichment*) angestrebt. Dies kann durch eine Funktionsintegration und durch die Selbstregulation der Gruppe erreicht werden. Im Rahmen der *Integration indirekter Tätigkeiten* können beispielsweise die Qualitätskontrolle, kleinere Wartungs- und Reparaturarbeiten, die Materialdisposition, aber auch Reinigungs- und Transportarbeiten in die Gruppe verlagert werden (vgl. die Abbildung auf der nächsten Seite). Als Möglichkeiten zur *Selbstregulation der Gruppe* können die interne Arbeitsverteilung, die Planung der Arbeitszeiten, die Feinsteuerung von Fertigungsaufträgen oder die Optimierung von Arbeitsbedingungen und -abläufen angesehen

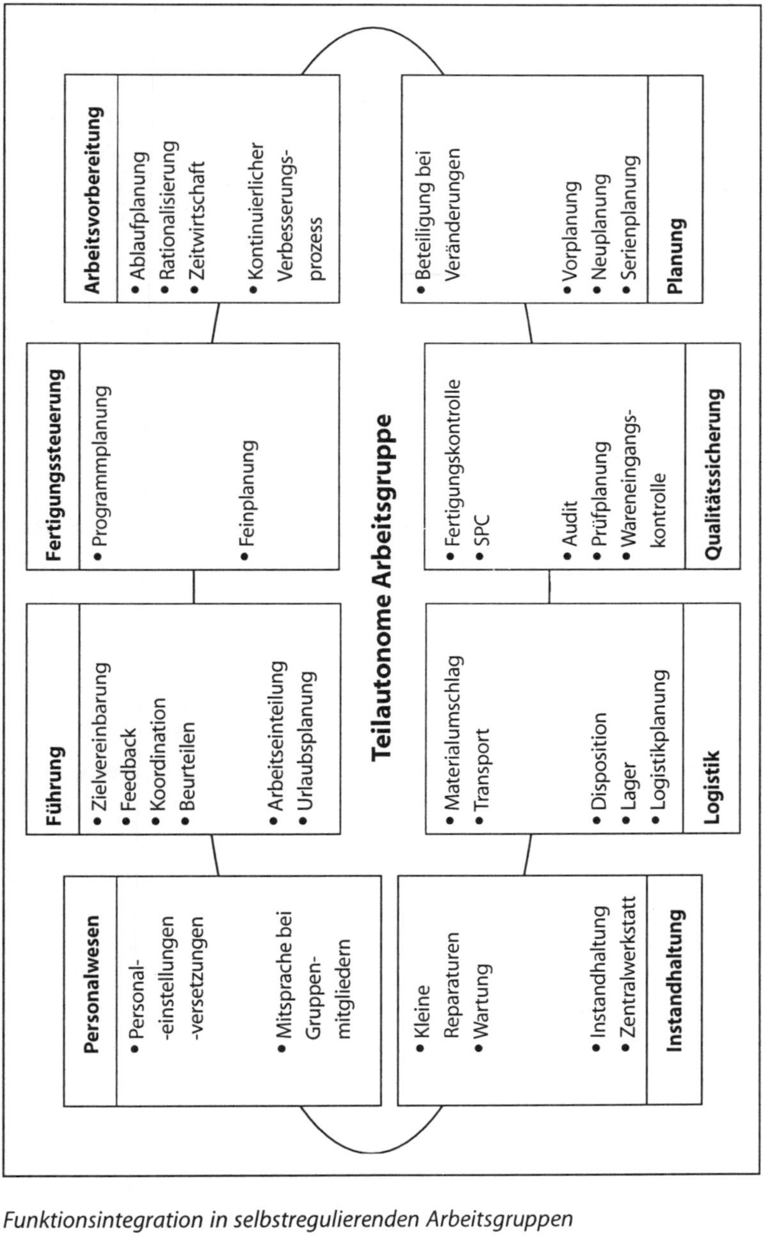

Funktionsintegration in selbstregulierenden Arbeitsgruppen

werden. Die Selbstregulation der Gruppe setzt jedoch voraus, dass auch tatsächlich Freiheitsgrade bei der Auftragsausführung bestehen. Diese ergeben den Spielraum, innerhalb dessen die Gruppe sich selbst steuern kann. Die objektiven Freiheitsgrade werden nicht zuletzt durch die *technische Verkopplung* bzw. die *technische Teilautonomie* der Gruppe mit vor- und nachgelagerten Gruppen beeinflusst. Nur in dem Maße, in dem die Gruppen voneinander unabhängig sind, können sie sich selbst regulieren.

Je nach Art und Umfang der Integration indirekter Aufgaben und der Selbstregulation der Gruppe kann dies zu weit reichenden Veränderungen in der horizontalen und vertikalen Funktions- und Arbeitsteilung im Unternehmen führen. Dadurch werden nicht nur Aufgaben und Strukturen indirekter Abteilungen, wie der Qualitätssicherung und der Arbeitsvorbereitung tangiert, sondern auch die Führungsaufgaben, die Führungsstruktur und -kultur verändern sich. Am stärksten sind hiervon in der Regel die unmittelbaren Schnittstellenfunktionen betroffen. Beispielsweise wird bei der Integration von Qualitätssicherungsaufgaben die Funktion der klassischen Qualitätskontrolleure überflüssig oder die Aufgaben der Zeitwirtschaft verändern sich, wenn etwa nach der Integration indirekter Tätigkeit der Akkordlohn abgeschafft wird. In Bezug auf Führungsaufgaben und -strukturen verlieren Einrichter ihre Vorgesetztenfunktion und in der Regel ihren Sonderstatus, Vorarbeiter werden nicht mehr benötigt und auch die Aufgaben von Meistern oder Gruppenleitern verändern sich. Die eigenverantwortliche Aufgabenausführung und Selbstregulation der Gruppe verlangt eine *zielorientierte* und *partizipative Führung* nicht nur bei den unmittelbaren Vorgesetzten, sondern im gesamten Management.

Eine Möglichkeit zur gemeinsamen Koordination und Planung bieten *Gruppensitzungen*, die regelmäßig zum Beispiel eine Stunde pro Woche oder bei Bedarf abgehalten werden. In den Gruppensitzungen können darüber hinaus auch aktuelle technische, organisatorische oder zwischenmenschliche Probleme bearbeitet werden. Die Besprechungen teilautonomer Arbeitsgruppen können auf diese Weise ähnlich wie Qualitätszirkelsitzungen zur *Verbesserung der Qualität der Arbeit* genutzt werden, wobei Qualität im umfassenden Sinne zu verstehen ist. Sowohl in Hinblick auf die ökonomischen

Ziele als auch für die menschengerechte Gestaltung der Arbeit kommt dieser Funktion der Gruppengespräche eine wichtige Rolle zu. Dies schließt natürlich nicht aus, dass Probleme auch innerhalb teilautonomer Arbeitsgruppen oder gruppenübergreifend durch Qualitätszirkel, KVP-Gruppen oder durch einzelne Mitarbeiter bearbeitet werden können.

Zur Unterstützung der täglichen internen und externen Koordination der Gruppen wird häufig ein *Gruppensprecher* von der Gruppe gewählt. Bisweilen wird er auch vom Management zum Teil gemeinsam mit dem Betriebsrat vorgeschlagen. Auf seine Rolle und seine Aufgaben wird im Folgenden näher eingegangen.

Aufgaben des Gruppensprechers

Mit dieser Position sind eine Reihe von Aufgaben verbunden. Auf diese Weise erhält der Gruppensprecher eine Schlüsselstellung für die erfolgreiche Arbeit der teilautonomen Arbeitsgruppe. Zu seinen Aufgaben gehören:

- Interne und externe Koordination der Gruppe.
- Moderation von Gruppenbesprechungen.
- Bearbeitung von Konflikten in der Gruppe.
- Ausführung direkter und indirekter Tätigkeiten.

Interne und externe Koordination der Gruppe
Eine wichtige Aufgabe des Gruppensprechers ist die interne und externe Koordination der Gruppe. In dieser Funktion ist er, wie erwähnt, Ansprechpartner des Vorgesetzten, der sich mit den Gruppensprechern der von ihm betreuten teilautonomen Arbeitsgruppen abstimmt und dadurch die Koordination und Einbindung der Gruppen in die Organisation gewährleistet. Der Gruppensprecher vertritt in diesen Gesprächen die Belange der Gruppe gegenüber dem Vorgesetzten, informiert ihn über Arbeitsergebnisse, den Grad der Zielerreichung oder über aufgetretene Probleme und erhält vom Vorgesetzten notwendige Informationen und Zielsetzungen für die Arbeit der Gruppe. Zu seinen Aufgaben im Bereich der ex-

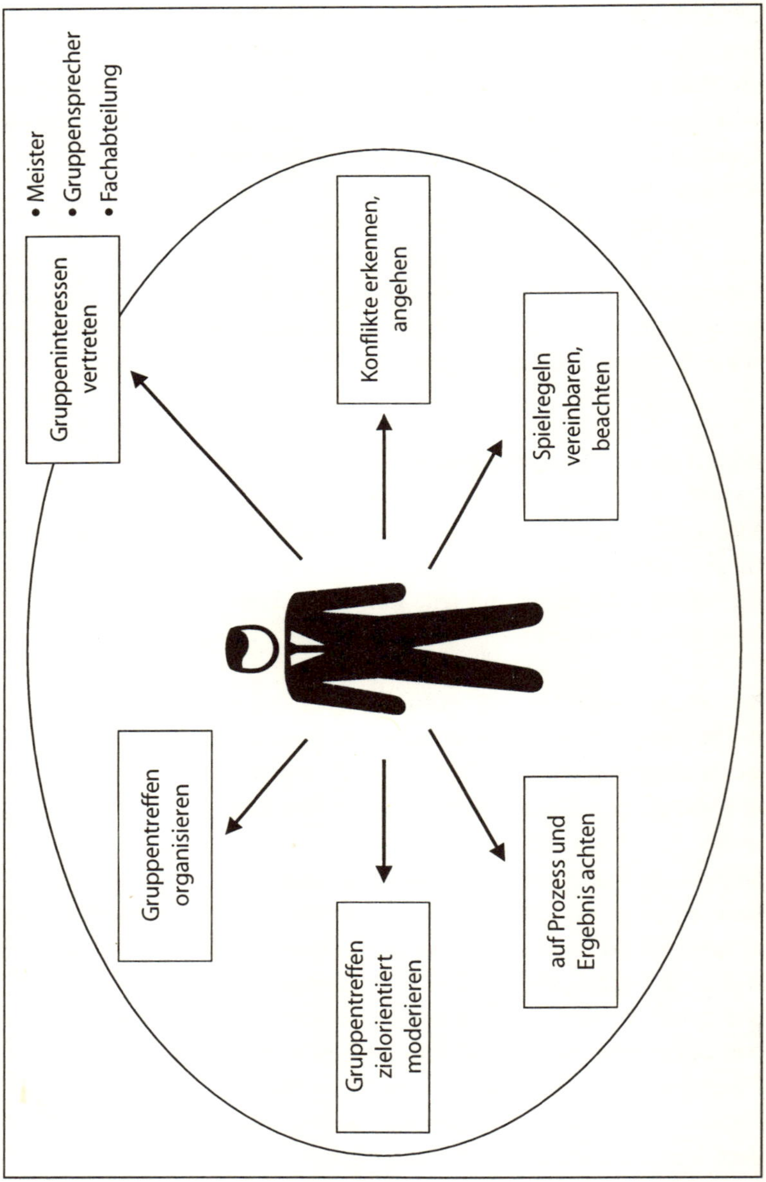

Aufgaben des Gruppensprechers

ternen Koordination gehört aber auch der Kontakt mit anderen Bereichen, zum Beispiel mit der Instandhaltung, der Qualitätssicherung oder der Logistik. Beispiele für Aufgaben im Bereich der internen Koordination wären die Vereinbarung von Gruppensitzungen, die Aufgaben- und Arbeitsverteilung in Abhängigkeit von den täglich wechselnden Erfordernissen und die Weitergabe der erhaltenen Zielsetzungen und Informationen an die Gruppe.

Moderation von Gruppenbesprechungen
Eine weitere typische Aufgabe des Gruppensprechers ist die Moderation von Gruppensitzungen. Im Rahmen dieser Funktion ist es seine Aufgabe, als Moderator die Sitzungen vorzubereiten, zu moderieren und nachzubereiten. Er muss dabei darauf achten, dass sich alle Gruppenmitglieder an der gemeinsamen Planung und Steuerung der Gruppe beteiligen können und dass der Diskussionsprozess konstruktiv und zielorientiert verläuft. Neben der Klärung der fachlichen Aufgaben der Gruppe und der dazu notwendigen Planungs- und Steuerungsaufgaben sollen diese Gruppensitzungen jedoch auch zur Problembearbeitung und zur Verbesserung von Arbeitsabläufen, -bedingungen und -prozessen dienen. Daher muss der Gruppensprecher auch über die notwendige Kompetenz zur Moderation dieser Problemlösungs- und (kontinuierlichen) Verbesserungsprozesse besitzen.

Bearbeiten von Konflikten in der Gruppe
Eine weitere Funktion des Gruppensprechers ist die Lösung von Konflikten innerhalb der Gruppe. Diese können im Alltag zwischen Gruppenmitgliedern auftreten oder im Rahmen von Gruppensitzungen. Konflikte, die während einer Gruppensitzung auftreten und die ganze Gruppe berühren, müssen von dem Moderator im Rahmen der Sitzung sofort besprochen werden. Konflikte zwischen einzelnen Mitgliedern sollten dagegen von diesen bilateral und, falls erforderlich, unter Vermittlung des Gruppensprechers gelöst werden. Falls es selbst dann zu keiner Lösung kommt, ist es Aufgabe des Vorgesetzten, eine Konfliktlösung herbeizuführen.

Ausführung direkter und indirekter Tätigkeiten
Der Gruppensprecher ist Erster unter Gleichen. Dies bedeutet, dass er für Planungs- und Steuerungsaufgaben nicht von vornherein und für immer von den übrigen der Gruppe übertragenen Aufgaben freigestellt ist. Von ihm wird vielmehr erwartet, dass er, soweit möglich und erforderlich und von der Gruppe gewünscht, unmittelbar produktiv arbeitet. Allerdings zeigen die Erfahrungen vieler Unternehmen, dass sich die direkt produktiven Arbeiten häufig auf den Einsatz als »Springer« bei Pausen-, Urlaubs- oder Krankheitsvertretungen beschränken. Denn die internen und externen Koordinationsaufgaben, die Führung von Anwesenheitslisten, das Bearbeiten von Fertigungsplänen, die Material- oder Ersatzteilbeschaffung und -abrechnung sowie das Erstellen und Auswerten von Statistiken lasten den Gruppensprecher voll aus.

Betrachtet man die angesprochenen Aufgaben des Gruppensprechers, so wird deutlich, dass er eine Vielzahl früherer Aufgaben des Meisters bzw. des Vorarbeiters übernommen hat. Es besteht daher die Gefahr, dass er in die Rolle eines »kleinen Meisters« schlüpft und die kollektive Selbststeuerung der Gruppe dabei verloren geht. Entsprechende Entwicklungen zeigten sich auch bei den Fertigungsinsel-Koordinatoren in dem hier untersuchten Unternehmen. Sowohl im Sinne der kollektiven Selbstregulation als auch einer fachlichen Flexibilisierung der Gruppe wäre daher eine Verteilung dieser Tätigkeiten auf mehrere Personen wünschenswert. Der Gruppensprecher könnte sich dann stärker auf die externe und gegebenenfalls interne Koordination der Gruppe konzentrieren, während andere Gruppenmitglieder Gruppensitzungen moderieren oder administrative Tätigkeiten ausführen.

Gerade weil auch in anderen Unternehmen der Gruppensprecher eine Fülle von Aufgaben und Kompetenzen auf sich vereint, wird von gewerkschaftlicher Seite häufig die Forderung vertreten, den Gruppensprecher von der Gruppe für einen bestimmten Zeitraum wählen zu lassen oder diese Position direkt im Rotationsverfahren durch die Gruppenmitglieder zu besetzen. Damit soll der partizipative und demokratische Charakter der Gruppenarbeit gestärkt und die Etablierung »kleiner Meister« unter dem Etikett des Gruppensprechers vermieden werden.

Gegen ein Rotationsverfahren spricht, dass erfahrungsgemäß nicht alle Gruppenmitglieder diese Position bekleiden möchten und auch nicht alle dafür geeignet sind. Die Wahl des Gruppensprechers bietet den Vorteil, dass motivierte Kandidaten zum Zuge kommen und der Gewählte von der Gruppe akzeptiert wird. Gegen eine Wahl des Gruppensprechers werden vor allem von Unternehmensseite die Bedenken angeführt, die Gruppe wähle nicht »geeignete« Kandidaten, sondern Wortführer, die besonders lautstark Gegenpositionen zum Vorgesetzten vertreten können. Dem kann entgegnet werden, dass in diesen Fällen die Gruppe bald merkt, dass mit Rhetorik alleine ihre vereinbarten Ziele nicht erreicht werden können. Sie kann dann einen neuen geeigneteren Kandidaten wählen. Das Risiko, den Falschen zu wählen, kann durch frühzeitige Information und Qualifizierung der Mitarbeiter minimiert werden, sodass diese bereits vor der ersten Wahl eines Gruppensprechers wissen, welche Qualifikationen für dieses Amt erforderlich sind.

Als Kompromiss zwischen Wahl und Ernennung des Gruppensprechers wird der Gruppensprecher zunächst vom Management in Abstimmung mit dem Betriebsrat ernannt, aber nach einer Einführungsphase hat die Gruppe die Möglichkeit, ihn abzuwählen und einen neuen Gruppensprecher zu bestimmen. Gegen den Willen der Gruppe sollte in keinem Falle ein Gruppensprecher ernannt werden, um die Mitarbeiter nicht von vornherein negativ gegenüber der Gruppenarbeit einzustellen.

Autonomiegrad teilautonomer Arbeitsgruppen

Die Selbstregulation der Gruppe ist ein entscheidendes Kennzeichen teilautonomer Arbeitsgruppen und grenzt sie von anderen Formen der Gruppenarbeit ab. Der Umfang der übertragenen Selbstregulation kann sich dabei zwischen teilautonomen Arbeitsgruppen deutlich unterscheiden. Zur Bestimmung des Autonomiegrades von teilautonomen Arbeitsgruppen wurden eine Reihe von Kriterienkatalogen vorgelegt (vgl. die folgenden elf Kriterien, S. 52), die das potenzielle Entscheidungsspektrum teilautonomer Arbeitsgruppen eindrucksvoll aufzeigen.

Autonomiekriterien

Entscheidungen der Selbstverwaltung

1) Die Gruppe hat Einfluss auf die für sie geltenden qualitativen Ziele.
2) Die Gruppe hat Einfluss auf die für sie geltenden quantitativen Ziele (Produktionsvolumen, Bezahlung, Sanktionen).
3) Die Gruppe entscheidet in Führungsfragen, ob sie zur Regelung von Grenzbedingungen einen Vorgesetzten haben will und gegebenenfalls welchen.

Entscheidungen der Selbstbestimmung

Innerhalb des vereinbarten Zielrahmens kann die Gruppe selbst festlegen,

4) wo sie arbeitet, sofern die Produktionsbedingungen dies erlauben (war bei keiner Gruppe gegeben und wurde nicht berücksichtigt),
5) welche zusätzlichen Tätigkeiten sie ausübt (Pausenregelung, Zusatzaufgaben) und
6) wann sie arbeitet (reguläre Arbeitszeit, Freistellungen, Überstunden);

Entscheidungen der Selbstregulation

7) Die Gruppe entscheidet über die Produktionsmethoden, sofern Alternativen existieren.
8) Die Gruppe regelt die interne Aufgabenverteilung, sofern Alternativen existieren.
9) Die Gruppe entscheidet über Fragen der Mitgliedschaft (Neuzugänge und Abgänge).
10) Die Gruppe entscheidet in Führungsfragen, ob sie für gruppeninterne Angelegenheiten einen Vorgesetzten haben will und gegebenenfalls welchen;
11) Das Gruppenmitglied entscheidet, wie die von ihm auszuführenden Aufgaben bewältigt werden.

(Gulowsen 1972, geordnet nach den Systemebenen von Susman 1976)

Ein mehrdimensionales Modell zur Erfassung der Autonomie teilautonomer Arbeitsgruppen mit insgesamt fünf Haupt- und 29 Unterkategorien von Autonomiekriterien haben Rohmert und Weg (1976) entwickelt (vgl. die Übersicht S. 54). Der *Autonomiegrad* von Arbeitsgruppen resultiert nach Rohmert und Weg (1976, 55f.) neben der Art der Entscheidungen, die von den Gruppen gefällt werden, aus dem »*Autonomieumfang*«.

Unter dem Autonomieumfang fassen sie drei Aspekte zusammen:

- Abstufungen der Autonomie, wie völlige Autonomie, Vetorecht, Mitbestimmungsrecht, Vorschlagsrecht und Informationsrecht.
- Den Zeithorizont, in dem teilautonome Arbeitsgruppen entscheiden und planen.
- Zahl und Inhalt von Entscheidungsalternativen.

Anhand ihres Klassifikationsschemas haben Rohmert und Weg (1976, S. 56f.) den Autonomiegrad von 21 betrieblichen TAG-Projekten (vgl. S. 54) beurteilt. Es zeigte sich, dass der Autonomiegrad der teilautonomen Arbeitsgruppen recht begrenzt war. Vorwiegend waren den Gruppen Aufgaben und Entscheidungen innerhalb des vorgegebenen Arbeitssystems übertragen. Zumeist handelte es sich um Fragen der Arbeitsaufteilung und der Arbeitsverteilung, der zeitlichen Arbeitsplanung, der Qualitätssicherung und der Instandhaltung. Es fanden sich aber auch teilautonome Arbeitsgruppen, denen Personalentscheidungen, wie die Wahl des Gruppensprechers oder Entscheidungen bezüglich der Gestaltung des Arbeitssystems, wie die Gestaltung der Arbeitsbedingungen oder der Gesamtarbeitszeit übertragen waren. In den meisten Fällen besaßen die Gruppen aber bei derartigen Entscheidungen allenfalls Mitspracherechte. An gesamtbetrieblichen und produktbezogenen Fragen waren die teilautonomen Arbeitsgruppen in der Regel nicht beteiligt. Eine hierarchische Beziehung zwischen verschiedenen Autonomiekriterien, wie dies Gulowsen (1972) vermutet hatte, konnte nicht festgestellt werden.

Es lässt sich somit festhalten, dass von den theoretisch bestehenden Möglichkeiten der Selbstregulation von Gruppen, wie sie durch die beschriebenen Kriterienkataloge skizziert werden, in der Praxis meist nur ein vergleichsweise kleiner Teil genutzt wird. Dieser bezieht sich vorwiegend auf Entscheidungen innerhalb des Arbeitssystems der Gruppen. Allerdings muss bei der Bewertung dieser Selbstregulationsmöglichkeiten berücksichtigt werden, dass in den Kriterienkatalogen auch sehr weit reichende Entscheidungen berücksichtigt sind.

Gruppenrechte bei teilautonomen Arbeitsgruppen (TAG)

Innerhalb des vorgegebenen Arbeitssystems
Arbeitstempo, -takt; Pausenregelung; Arbeitsaufteilung und -verteilung in der TAG; Arbeitsplanung (zeitlich) in der TAG; Festlegung der Arbeitszeit bei vorgegebener Gesamtarbeitszeit; Produktionskontrolle; Arbeitsablauf (Überwachung und -entstörung).

Hinsichtlich von Personalfragen
Wahl des Gruppensprechers bzw. sonstiger Gruppenvertreter; Urlaubsplanung, -gewährung, freie Gruppenwahl und freier Gruppenwechsel; Neueinstellung und Entlassung von Gruppenmitgliedern.

Hinsichtlich des Arbeitssystems
Gestaltung der Arbeitsumweltbedingungen; arbeitsorganisatorische Regelungen innerhalb der TAG; organisatorische Regelungen zwischen TAG und Umsystem; Bestimmung der Gesamtarbeitszeit; Wahl der Produktionsmethoden; Wahl der verwendeten Technologie; Bestimmung der personellen Ausstattung der TAG; Produktionsort.

Hinsichtlich der Produkte
Festlegung der Produktquantität, -qualität; -gestaltung; des Produktionsprogramms.

Hinsichtlich gesamtbetrieblicher Fragen
Budgetverantwortung; (Teil-)Autonomie der TAG hinsichtlich gesamtbetrieblicher Prozesse und Strukturen; Investitionsprogramm, Finanzplan, Gewinnverteilung und -verwendung.

(Nach Rohmert/Weg 1976, S. 56).

Im Vergleich zu tayloristischen Formen der Arbeitsorganisation stellt die gewährte Teilautonomie dennoch eine deutliche Abkehr von tradierten Entscheidungsprozessen und eine Veränderung der Aufgabenverteilung dar. In dieser Hinsicht unterscheiden sich teilautonome Arbeitsgruppen auch von dem Konzept der Fertigungsteams. Da gerade diese beiden Konzepte zur Zeit zum Teil kontrovers diskutiert, zum Teil miteinander vermengt werden, sollen sie im Folgenden akzentuierend verglichen werden.

Vergleich teilautonomer Arbeitsgruppen mit Fertigungsteams

Um die Unterschiede zwischen dem Konzept teilautonomer Arbeitsgruppen und dem der Fertigungsteams zu verdeutlichen, sollen im Folgenden die beiden prototypischen Konzepte von Gruppenarbeit von Volvo (Werk Uddevalla) und Toyota gegenübergestellt werden (vgl. Berggren 1991; Jürgens u.a. 1989; Ulich 1995). Vorab ist es wichtig festzuhalten, dass Fertigungsteams integraler Bestandteil des Managementkonzepts von Toyota, das heißt, des *Toyotismus* bzw. der Lean Production sind. Ein ähnlich geschlossenes Gesamtkonzept fehlt bei Volvo.

Im Unterschied zum Konzept der teilautonomen Arbeitsgruppen bleiben bei Fertigungsteams japanischer Prägung die tayloristisch-fordistische Arbeitsteilung, Arbeitsstandardisierung und Fließbandfertigung, mit den sie kennzeichnenden Merkmalen hoch repetitiver, kurzzyklischer und monotoner Arbeit voll erhalten.

Unterschiede zwischen dem japanischen Fertigungsteam-Konzept und dem Konzept teilautonomer Arbeitsgruppen	
Fertigungsteams	*Teilautonome Arbeitsgruppen*
Fließband	Boxenfertigung / Fertigungsinseln
Sequenzielle (technische) Abhängigkeit	Technische Teilautonomie
Just in Time (JIT) / Zeitpuffer	Material- / Produktpuffer
Arbeitsteilung	Arbeitserweiterung
Multi-Skilling	Reprofessionalisierung
Arbeitsstandardisierung	Individuelle u. kollektive Freiheitsgrade
Geringe horizontale & vertikale Segmentierung	Starke horizontale & vertikale Segmentierung
Meistersteuerung (Arbeitsverteilung, Ausbildung, Lohneinstufung)	Meister als Coach (partieller Wegfall der Meister)
Von oben bestimmter Teamleiter	Gewählter Gruppensprecher
Kontrolle	Partizipation
Verfolgung der Unternehmensziele	Interessenausgleich
Unbegrenzter Leistungsdruck	Vereinbarte Leistungsgrenzen
Kaizen	Betriebliches Vorschlagswesen

Deutliche Unterschiede finden sich auch im Hinblick auf die Autonomie der Gruppen und die betriebliche Führungsstruktur. Bereits die Beibehaltung des traditionellen Fließbandes impliziert eine starke Abhängigkeit sowohl der einzelnen Arbeitsplätze in den Gruppen als auch der Gruppen untereinander. Diese Abhängigkeit wird durch das logistische »Just-in-Time«-*Prinzip*, nur die Arbeiten durchzuführen und Teile anzuliefern, die für den nächsten Produktionsschritt unmittelbar benötigt werden, drastisch verschärft. War das tayloristisch-fordistische Fertigungsprinzip durch sequenzielle Abhängigkeit in den Linien, aber auch durch Puffer zwischen verschiedenen Montageabschnitten gekennzeichnet, so zielt der Toyotismus auf die Beseitigung von Material- und Produktpuffern. Dies steht in krassem Gegensatz zu den bei Volvo realisierten teilautonomen Arbeitsgruppen, die eine technische Teilautonomie besitzen. In diesem Zusammenhang wird jedoch häufig übersehen, dass an Stelle der Material- und Produktpuffer sich bei japanischen Unternehmen Zeitpuffer zwischen den Schichten finden, die sicherstellen, dass das tägliche Produktionsziel erreicht wird, notfalls durch längeres Arbeiten aller Mitarbeiter.

Neben der technischen Teilautonomie impliziert das Konzept der teilautonomen Arbeitsgruppe auch eine organisatorische Teilautonomie. Hiermit sind Fragen der internen Führung und der Vertretung der Gruppe nach außen durch einen gewählten Gruppensprecher und der kollektiven Selbstregulation von Arbeitsaufteilung und -verteilung, Pausen und Urlaubsregelung angesprochen. Im Gegensatz dazu treffen Fertigungsteams japanischer Prägung diese Entscheidungen nicht selbst, sondern die betreffenden Meister. Den Meistern kommt eine zentrale Rolle in der Führung und Steuerung der Fertigungsteams zu, während sie im Konzept der teilautonomen Arbeitsgruppe eher koordinierende Funktionen zwischen Arbeitsgruppen übernehmen sollen. Dem Konzept der kollektiven Selbstregulation der teilautonomen Arbeitsgruppen steht somit das *Konzept teilautonomer Meisterbereiche* gegenüber.

Gewisse Gemeinsamkeiten zwischen dem Konzept der teilautonomen Arbeitsgruppen und den Fertigungsteams finden sich hingegen im Hinblick auf die bei beiden Konzepten vorgesehene polyvalente Qualifikation (»*multi-skilling*«) und dem damit verbundenen Arbeitswechsel der Mitarbeiter, die zumindest partielle Integration indirekter Tätigkeiten (Qualitätssicherung, Instandhaltung) in die Gruppe und deren Selbstregulation im Hinblick auf diesbezügliche Kennwerte (Qualitätskennzahlen, Störungsmeldungen). Die in Fertigungsteams angestrebte polyvalente Qualifikation bezieht sich allerdings auf das Beherrschen mehrerer kurzzyklischer Tätigkeiten, während im Rahmen des Konzeptes der teilautonomen Arbeitsgruppen häufig eine *Reprofessionalisierung* der Industriearbeit angestrebt wird.

Ferner ist das Konzept der Selbstregulation in den japanischen Fertigungsteams eng mit dem Prinzip des »*Kaizen*«, des kontinuierlichen Verbesserungsprozesses auf allen Ebenen der Organisation verbunden. Durch die konsequente Minimierung von Puffern (Menschen, Material, Zeit) sollen Störungen und Schwächen im Ablauf schneller sichtbar und dann von den jeweils Betroffenen im Rahmen des kontinuierlichen Verbesserungsprozesses beseitigt werden. Im Konzept der teilautonomen Arbeitsgruppen war ursprünglich kein entsprechendes Prinzip enthalten, das explizit auf die permanente Verbesserung und Rationalisierung von Arbeitsprozessen und -methoden abhebt. Im Unterschied zu den Pilotprojekten der Siebzigerjahre wird in der heutigen Diskussion die kontinuierliche Systemoptimierung jedoch als wesentliche Aufgabe der teilautonomen Arbeitsgruppen angesehen. Ferner handelt es sich bei den Fertigungsteams um ein streng hierarchisches, an Leistungsmaximierung orientiertes Modell, bei dem die Verbesserung der Wirtschaftlichkeit im Vordergrund steht. Dagegen strebt das Konzept der selbstregulierenden Arbeitsgruppen einen Interessenausgleich an, in dem ökonomische und soziale Ziele verfolgt werden.

Betrachtet man die in der MIT-Studie veröffentlichten ökonomischen Effizienzindikatoren, so sprechen diese auf den ersten Blick deutlich für die Überlegenheit des Lean-Production-Konzeptes und damit der japanischen Fertigungsteams sowohl gegenüber dem tayloristisch-fordistischen Fertigungsparadigma als auch dem Konzept teilautonomer Gruppenarbeit, wie es beispielsweise bei Volvo praktiziert wurde. Sowohl die Produktivitätsindikatoren als auch die Qualitätskennzahlen liegen deutlich besser. Die genauere Analyse zeigt aber, dass an keiner Stelle der Einfluss der Gruppenarbeit auf diese Effizienzindikatoren nachgewiesen wird. Wesentliche Ursachen können in der effizienteren Entwicklungsarbeit und der stärkeren Integration der Zulieferer in den Entwicklungsprozess bei schlanken Unternehmen liegen. Weitgehend offen bleiben die Auswirkungen japanischer Fertigungsteams auf Kriterien humaner Arbeit, da in der MIT-Studie lediglich von motivierten und zufriedenen Arbeitern gesprochen wird. Daran wird insbesondere von industriesoziologischer Seite (Parker/Slaughter 1988) gezweifelt und auf die weiterhin monotone Arbeit unter hohem Zeit- und Leistungsdruck hingewiesen (»*Management by Stress*«). Auch die wenigen Untersuchungen, die zu den sozialen Auswirkungen des Toyotismus vorliegen, lassen eher eine skeptische Haltung der Belegschaftsmitglieder erkennen, besonders die Arbeitsbelastung wird als zu hoch kritisiert (Babson 1993). Als Folge würden laut einer Umfrage der japanischen Automobilarbeitergewerkschaft bei ihren Mitgliedern nur knapp fünf Prozent ihren Kindern einen Job in der Autoindustrie empfehlen (Nomura 1992).

Angesichts dieser Ergebnisse erscheint eine vorschnelle Abqualifizierung des Konzeptes teilautonomer Gruppen ungerechtfertigt. Dies gilt umso mehr, als die Ursachen für einen Großteil der unbestreitbaren Erfolge des Toyotismus beispielsweise in der besseren Abstimmung des Entwicklungsprozesses und in anderen Faktoren auf Managementebene zu suchen sind. Es wurde eingangs darauf hingewiesen, dass beispielsweise bei Volvo eine vergleichbare Einbettung teilautonomer Arbeitsgruppen in eine umfassende Managementstrategie wie bei Toyota nicht erfolgte. Offen erscheint darüber hinaus, inwieweit in der Bundesrepublik Kopien japanischer Fertigungsteams auf Grund der sozialisationsbedingten unterschiedlichen Ansprüche und Erwartungshaltungen deutscher im Vergleich zu japanischen Mitarbeitern langfristig erfolgreicher sein können als betriebsspezifisch angepasste Formen teilautonomer Arbeitsgruppen, die den Bedürfnissen der Mitarbeiter und den kulturellen Rahmenbedingungen mehr Rechnung tragen. Eine Einbettung teilautonomer Arbeitsgruppen in ein umfassendes Konzept der Organisationsgestaltung, das wirtschaftlichen und sozialen Interessen gerecht zu werden sucht, bietet der sozio-technische Systemansatz an, der im nächsten Kapitel dargestellt werden soll.

Kapitel 4
Welche Form der Teamarbeit brauche ich?

Angesichts der unterschiedlichen Formen der Teamarbeit stellt sich die Frage, wann welche Form der Teamarbeit gewählt werden sollte. Bei Qualitätszirkeln fällt die Antwort leicht, da sie komplementär zu bestehenden Formen der Arbeitsorganisation bzw. ergänzend zu den anderen Formen der Teamarbeit als partizipatives Problemlösungsinstrument und Ideenwerkstatt eingesetzt werden können. Für Projektgruppen gilt Ähnliches, dienen sie doch der Bearbeitung neuartiger komplexer Problemstellungen, die nicht adäquat in der herkömmlichen Linienorganisation bearbeitet werden können. Allerdings stellt sich hier die Frage, welche Art der Projektorganisation gewählt werden sollte. Im Falle der Schaffung projektorientierter Teilbereiche oder einer reinen Projektorganisation führt dies jedoch zur Veränderung der traditionellen Organisation. Es können ähnliche Überlegungen herangezogen werden, wie sie im Folgenden für die Formen der Gruppenarbeit dargelegt werden, die alternative Formen der Arbeitsorganisation bzw. der Aufgabengestaltung darstellen.

Zur Beantwortung der Frage, ob die Arbeit in Form teilautonomer Arbeitsgruppen, Fertigungsteams, klassischen Arbeitsgruppen oder in Einzelarbeit organisiert werden sollte, können Überlegungen der sozio-technischen Systemtheorie herangezogen werden. Sie betrachtet Teams und deren Effektivität nicht isoliert, sondern im Kontext der Gesamtorganisation und deren Umfeld. Dies hat einen guten Grund, denn wenn Teams erfolgreich arbeiten, bedeutet dies nicht automatisch, dass die Organisation als Ganzes erfolgreich ist. Im Gegenteil, die isolierte Optimierung eines Teams, zum Beispiel im Einkauf, könnte beispielsweise zu erhöhten Kosten in der Produktion führen, wenn zu Gunsten von niedrigen Preisen Kriterien wie Qualität oder Lieferzuverlässigkeit optimiert würden. Daraus lässt sich ableiten, dass geklärt werden muss, was unter Erfolg oder

Effektivität eines Teams zu verstehen ist und wie die Teams einer Organisation zusammenwirken müssen, um zur Effektivität der Gesamtorganisation beizutragen.

Theoretische Grundlagen

Wenn man die Effektivität von Organisationen erklären will, muss man die Anforderungen berücksichtigen, die von Kunden, Anteilseignern oder anderen Personen im Umfeld an die Organisation gestellt werden. Daher müssen die Ziele der Organisation und die Prozesse und Ressourcen zur Bewältigung der Anforderungen und der Erreichung der Ziele innerhalb der Organisation analysiert werden. Die grundlegenden Thesen der sozio-technischen Systemtheorie hierzu lauten (Alioth 1980; Alioth/Frei 1990; Emery 1972; Rohmert/Weg 1976; Ulich 1994):

- Organisationen sind offene, zielgerichtete, dynamische, soziale und technische Systeme (vgl. die auf der nächsten Seite folgende Abbildung).
- Eine effiziente Organisationsgestaltung setzt eine gemeinsame Optimierung des technischen und sozialen Systems voraus.
- Organisationen mit sich selbst regulierenden Organisationseinheiten können sich unvorhergesehenen Veränderungen innerhalb und außerhalb des Systems besser anpassen als zentral gesteuerte Organisationen.

Organisationen sind offene, zielgerichtete, dynamische, soziale und technische Systeme

Als sozio-technisches System besteht ein Unternehmen aus einem technischen und sozialen Teilsystem. Das *soziale Teilsystem* einer Organisation umfasst die Beschäftigten mit ihren Kenntnissen und Fähigkeiten sowie ihren individuellen und gruppenspezifischen Bedürfnissen. Hierzu gehören insbesondere auch ihre Ansprüche und Erwartungen an die Arbeit, an die Organisation sowie an ihre Kol-

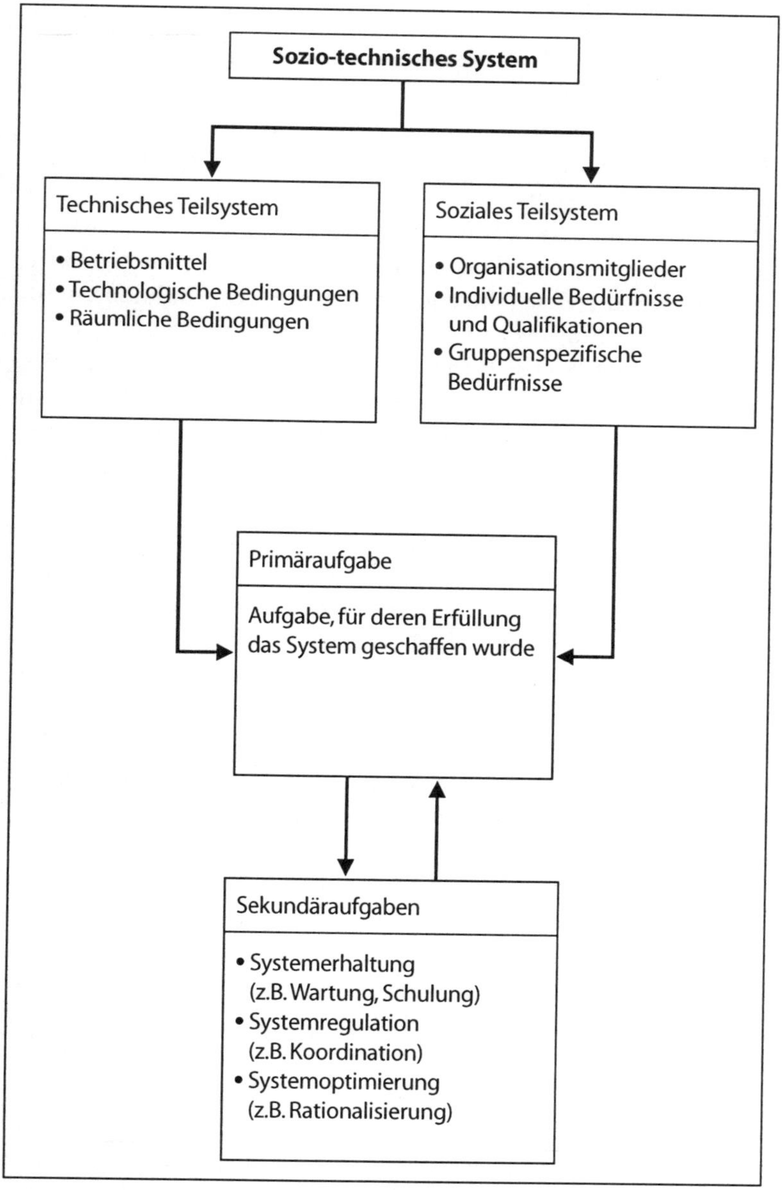

Primär- und Sekundäraufgaben in sozio-technischen Systemen (in Anlehnung an Ulich 1994)

legen, Mitarbeiter und Vorgesetzten. Das *technische Teilsystem* besteht aus den Betriebsmitteln, Maschinen, Anlagen und deren Layout. Generell können dem technischen System alle technischen und räumlichen Arbeitsbedingungen zugerechnet werden, sowie alle Anforderungen, die aus der »Objektwelt« an die Organisationsmitglieder gestellt werden.
Die Verknüpfung zwischen sozialem und technischem System erfolgt durch die Arbeitsorganisation und die durch sie definierten *Arbeitsrollen* der Beschäftigten. Sie drücken den Funktionszusammenhang der Aufgaben und die Kooperationsbeziehung zwischen den Beschäftigten aus. Durch die Arbeitsrollen werden auf diese Weise sowohl die Funktionen festgelegt, die die Beschäftigten im Produktionsprozess wahrzunehmen haben als auch ihre Kooperationsbeziehungen zu Kollegen, Vorgesetzten und Mitarbeitern.

Ein wesentliches Element der Arbeitsrollen sind die *Aufgaben*, die die Beschäftigten auszuführen haben. Sie schließen die Kooperationsbeziehungen zwischen den Beschäftigten mit ein. Es gibt primäre und sekundäre Aufgaben. *Primäraufgaben*, wie zum Beispiel die Entwicklung oder die Montage einer Waage, sind Aufgaben, zu deren Bewältigung das entsprechende (Sub-)System, wie zum Beispiel ein Entwicklungsteam oder ein Montageteam, geschaffen wurde. Sie stellen den Systemzweck dar und können durch die Input-Output-Verhältnisse quantitativ und qualitativ beschrieben werden. Zu den *Sekundäraufgaben* werden Aufgaben zur

- Systemerhaltung, wie zum Beispiel Wartung oder Schulung.
- Systemregulation, wie zum Beispiel Fertigungssteuerung oder Qualitätssicherung.
- Systementwicklung bzw. -optimierung gerechnet, wie zum Beispiel Innovationen und Verbesserungen erarbeiten und umsetzen.

Als *offene Systeme* sind Unternehmen mit ihrer Umwelt durch Input-Output-Relationen verbunden. Sie erhalten Inputs aus ihrer Umwelt und geben Outputs an sie ab. Sie sind damit auch Veränderungen in ihrer Umwelt ausgesetzt, denen sie sich anpassen müssen, um den Transformationsprozess von Inputs zu Outputs aufrechterhalten zu können. Diese flexible Stabilität der Austauschbeziehungen wird auch als Fließgleichgewicht bezeichnet.

Die Dynamik sozio-technischer Systeme besteht darin:

- dass sie einen ständigen Transformationsprozess von Inputs zu Outputs aufrechterhalten,
- dass die Subsysteme und ihre Elemente in einer aktiven Wechselbeziehung miteinander stehen,
- dass sie Umweltveränderungen unterliegen, denen sie sich anpassen müssen.

Sozio-technische Systeme sind *zielorientiert*, da der Transformationsprozess auf einen bestimmten Output ausgerichtet ist. Da dieser Output bzw. dieses Ziel auch bei Umweltveränderungen erreicht werden soll, sind offene Systeme auch äquifinal.

Eine effiziente Organisationsgestaltung setzt eine gemeinsame Optimierung des technischen und sozialen Systems voraus

Eine Effizienzsteigerung sozio-technischer Systeme kann nur durch eine gemeinsame Optimierung des technischen und des sozialen Systems erreicht werden, da die Effizienz der Aufgabenausführung durch das Zusammenspiel technischer und sozialer Faktoren beeinflusst wird. Eine einseitige Orientierung am technischen oder am sozialen System würde diese Wechselwirkung vernachlässigen und könnte dadurch auch zu keiner Effizienzsteigerung führen. Die Technologie hat zwar einen entscheidenden Einfluss auf die soziale Organisation, sie determiniert diese aber nicht. In der Regel bestehen somit auch bei gegebener Technologie organisatorische Wahlmöglichkeiten. Dieser Gestaltungsspielraum vergrößert sich deutlich bei einer gleichzeitigen Planung technischer und organisatorischer Neuerungen.

Im Rahmen der technischen Möglichkeiten gilt es daher, die Erwartungen und Bedürfnisse der Mitarbeiter sowie die aus motivationspsychologischen Überlegungen abgeleiteten Anforderungen bei der Gestaltung der Arbeitsorganisation zu berücksichtigen.

Organisation mit sich selbst regulierenden Organisationseinheiten können sich unvorhergesehenen Veränderungen besser anpassen

Unternehmen sind nicht nur Veränderungen in der Umwelt ausgesetzt, sondern es können auch unternehmensinterne *Systemschwankungen* hinzukommen. Die Ursachen dieser internen oder externen Systemschwankungen können in veränderten Anforderungen oder in Störungen begründet liegen. So führen beispielsweise Veränderungen der Nachfrage zu anderen externen Anforderungen an das Unternehmen. Ein Beispiel für extern induzierte Störungen wären fehlerhafte Zulieferteile. Interne Störungen im Transformationsprozess können beispielsweise durch Maschinenstörungen, Fehler in der Arbeitsausführung oder in der Kommunikation ausgelöst werden. Interne Veränderungen der Anforderungen ergeben sich zum Beispiel durch neue Technologien oder neue Mitarbeiter oder durch die Aufgabe. Diese intern und extern verursachten Systemschwankungen sind mehr oder weniger gut vorhersehbar. Je ungewisser die Schwankungen der Umweltanforderungen und des Transformationsprozesses sind, desto größere Anpassungsanforderungen werden an das Unternehmen oder die Organisationseinheiten gestellt (vgl. die Übersicht auf der folgenden Seite).

Beispielsweise führen bei einem Autozulieferer starke Schwankungen in der Menge der bestellten Stoßfänger zu Produktionsschwankungen und zu einer hohen Ungewissheit der Austauschbeziehungen. Die Art und Weise der Produktion der Stoßfänger wird durch die Veränderung der Nachfragemenge jedoch nicht beeinflusst, das heißt, die Ungewissheit der Austauschbeziehungen ist hoch, aber die des Transformationsprozesses ist gering. Im Gegensatz dazu kann beispielsweise ein Entwicklungsauftrag für neue Stoßfänger nicht in gleichem Masse standardisiert bearbeitet werden, sondern erfordert eine flexible Vorgehensweise, das heißt: Die Ungewissheit des Transformationsprozesses und der Austauschbeziehungen ist hoch.

Situationsfelder nach dem Grad der Ungewissheit			
		Ungewissheit des Transformationsprozesses	
		niedrig	hoch
Ungewissheit der Austauschbeziehungen	niedrig	z.B. Fließbandproduktion	z.B. chemische Prozessfertigung
	hoch	z.B. Lager	z.B. Entwicklung, Instandhaltung
(In Anlehnung an Susman 1976, S. 102)			

Die Bewältigung dieser Systemschwankungen erfordert Regulationsmechanismen, die zentral oder durch *Selbstregulation* in den Organisationseinheiten gesteuert werden können. Mit zunehmender Ungewissheit der Austauschbeziehungen und des Transformationsprozesses wird eine zentrale Steuerung des Transformationsprozesses immer schwieriger und eine Selbstregulation der Organisationseinheiten vorteilhafter. Mit anderen Worten: In dem Ausmaß, in dem unvorhersehbare Systemschwankungen auftreten, sind Organisationen mit selbstregulierenden Organisationseinheiten effizienter als zentral gesteuerte Organisationen (Cummings 1978).

Voraussetzung hierfür ist allerdings, dass die Organisationseinheit die erforderlichen Ressourcen besitzt. Die Möglichkeit, Systemschwankungen zu bewältigen, hängt davon ab, inwieweit die Vielfalt der Reaktionsmöglichkeiten der Vielfalt der potenziellen Systemschwankungen entspricht. Bei der Bildung unabhängiger Organisationseinheiten muss daher beachtet werden, dass alle benötigten Ressourcen, also alle notwendigen Mittel, Qualifikationen und Kompetenzen zur Bewältigung der Anforderungen in der Organisationseinheit integriert sind oder entwickelt werden. Ferner setzt effektive Selbstregulation klare Ziele und schnelle Ergebnisrückmeldungen als Grundlage für Regulationsentscheidungen voraus.

Bei der Einführung selbstregulierender Organisationseinheiten sind folgende *Gestaltungsprinzipien* zu beachten (Ulich u.a. 1989):

- Bildung relativ unabhängiger Organisationseinheiten.
- Innerer Aufgabenzusammenhang in einer Organisationseinheit.
- Einheit von Produkt und Organisation.

Die Bildung relativ unabhängiger Organisationseinheiten verhindert, dass sich Schwankungen und Störungen, die in einer Organisationseinheit auftreten, unkontrolliert in andere Organisationseinheiten fortpflanzen. Dies setzt voraus, dass die Organisationseinheiten technisch und organisatorisch voneinander möglichst unabhängig sind.

Durch den inneren Aufgabenzusammenhang sollen arbeitsbezogene Kooperationen erforderlich und soziale Unterstützung ermöglicht werden. Ein innerer Aufgabenzusammenhang kann durch die Übertragung ganzheitlicher Aufgaben geschaffen werden. Dies setzt die möglichst weitgehende Integration aller für die Herstellung eines Produkts notwendigen primären und sekundären Tätigkeiten voraus. Auf diese Weise lassen sich auch intrinsisch motivierende Aufgaben bilden, die ganzheitlich sind, die vielfältige Anforderungen stellen, Möglichkeiten zur sozialen Interaktion bieten, Dispositions- und Entscheidungsmöglichkeiten sowie Lern- und Entwicklungschancen eröffnen.

Wenn Gruppen produktorientiert gebildet werden und sie die Aufgabe und Verantwortung für die Herstellung eines kompletten Produktes oder einer Dienstleistung haben, ist auch ihre technische und organisatorische Unabhängigkeit leichter zu erreichen. Eine produktorientierte Gruppenbildung erleichtert ferner die qualitative und quantitative Zuordnung von Arbeitsergebnissen und deren Einflussfaktoren. Dies ist eine wesentliche Voraussetzung sowohl für deren Selbstregulation als auch für ihre zielorientierte Führung.

Kriterien für die Wahl der Arbeitsorganisation

Diese Überlegungen lassen sich zu einem Modell weiterentwickeln, mit dem sich abschätzen lässt, in welchen Situationen welche Form der Arbeitsorganisation am effektivsten ist (Cummings/Blumberg 1987). Als zentrale Aspekte wurden genannt:

- Unvorhergesehene Umwelt- und System-Veränderungen.
- Motivationale Dispositionen der Beschäftigten.

In dem Modell wird die Ungewissheit von Umweltschwankungen durch den Aspekt der *Umweltdynamik* erfasst; unvorhergesehene Veränderungen innerhalb des Systems durch das Merkmal der *technischen Ungewissheit.* Als weiteres Merkmal des technischen Systems wird der Grad der *technischen Abhängigkeit* berücksichtigt. Im Hinblick auf das soziale System sind *soziale Bedürfnisse* und *Bedürfnisse nach Selbstentfaltung* der Beschäftigten wichtig.

Formen der Arbeitsorganisation in Abhängigkeit von Situationsmerkmalen										
Arbeitsorganisation	Technische Abhängigkeit		Technische Ungewissheit		Umweltdynamik		Entfaltungsbedürfnisse		Soziale Bedürfnisse	
	niedrig	hoch	niedrig	hoch	niedrig	hoch	niedrig	hoch	niedrig	hoch
Traditionelle Einzelarbeit	X		X		X		X		X	
Traditionelle Gruppenarbeit		X	X		X		X			X
Individuelle Arbeitsbereicherung	X			X		X		X	X	
Selbstregulierende Arbeitsgruppen		X		X		X		X		X
(Nach Cummings/Blumberg 1987)										

Für die Einführung von *Gruppenarbeit* sprechen danach eine hohe technische Abhängigkeit bei der Aufgabenausführung und starke soziale Bedürfnisse der Mitarbeiter. Eine *Selbststeuerung* empfiehlt sich bei großer technischer Ungewissheit, starken Bedürfnissen der Mitarbeiter nach Selbstverwirklichung und dynamischen Umweltbedingungen. In dem Modell werden nur zwei Formen von Gruppenarbeit unterschieden: traditionelle Gruppenarbeit, also die Steuerung einer Gruppe durch den Vorgesetzten, und selbstregulierende Gruppenarbeit. Da Fertigungsteams durch Vorgesetzte gesteuert werden, sind sie zunächst in diesem Modell der traditionellen Gruppenarbeit zuzurechnen.

Günstige Bedingungen für *traditionelle Gruppenarbeit* liegen vor, wenn zwar technisch bedingte Kooperationsanforderungen bestehen, der Ablauf aber standardisiert werden kann, die Anforderungen der Umwelt weitgehend konstant bleiben und die Mitarbeiter zwar Wert auf Zusammenarbeit legen, aber nicht auf Partizipation und persönliche Weiterentwicklung.

Selbstregulierende Arbeitsgruppen empfehlen sich dagegen bei einer hohen Umweltdynamik, wie zum Beispiel in dynamischen Käufermärkten, bei Mitarbeitern mit hohen sozialen und Entfaltungsbedürfnissen und bei hoher technischer Abhängigkeit und Ungewissheit. Diese treten beispielsweise in flexiblen Fertigungssystemen auf. Deren effiziente Nutzung erfordert kooperative Zusammenarbeit, aktive Informationsverarbeitung und selbstständige Entscheidungsfindung der Mitarbeiter. Um sich möglichst effektiv selbst regulieren zu können, sollten sie entsprechend der dargelegten Gestaltungsprinzipien relativ unabhängig sein, einen inneren Aufgabenzusammenhang aufweisen und produktorientiert sein.

Beispiele für produktorientierte Gruppen sind im Bereich der *Auftragsabwicklung Verwaltungs-* (Theerkorn 1991) oder *Vertriebs-* (Müller u.a. 1992) oder *Planungsinseln* (Otzipka 1996), die Mitarbeiter zum Beispiel aus der Auftragsannahme, Auftragsklärung, Einkauf, Auftragskonstruktion und Arbeitsplanung umfassen und die alle ihnen zugeteilten Kundenaufträge eigenverantwortlich von der Anfrage bis zur Auslieferung bearbeiten. Ganzheitliche Aufgaben lassen sich aber auch durch die Zusammenfassung nach Marktkriterien erreichen, wie zum Beispiel Kunden oder Absatzgebieten, Herstellungs- oder nach auftragsstrukturbedingten Kriterien wie zum Beispiel Groß-, Mittel-, Kleinserie, Einzelfertigung.

In der *Teilefertigung* begünstigt die Entwicklung flexibler, computergesteuerter Technologien die Umsetzung selbstregulierender Arbeitsgruppen. In *Fertigungsinseln* werden die für die komplette Bearbeitung eines (Teil-)Produktes oder einer Teilefamilie notwendigen Maschinen und Mitarbeiter zusammengeführt (AWF 1984, S. 7). Dieses Fertigungskonzept basiert auf den Prinzipien der *Gruppentechnologie* oder *Gruppenfertigung* (Brödner 1985) bzw. der

Gruppenfabrikation (Lang/Hellpach 1922). Hierbei werden räumlich und organisatorisch Einheiten gebildet, die fertigungstechnisch ähnliche Teile zu so genannten Teilefamilien oder (Teil-)Produkten zusammenfassen sowie alle zu deren Komplettbearbeitung benötigten Fertigungsmittel, gleichartig qualifizierten Arbeiten und konstruktiven, planenden und steuernden Tätigkeiten in eine Gruppe integriert. Im Unterschied dazu sind bei der *verrichtungsorientierten* oder *Werkstattfertigung* alle gleichartigen Maschinen und Tätigkeiten, wie zum Beispiel Fräsen, Drehen, Bohren, zusammengefasst. Jedes Teil durchläuft die notwendigen Werkstätten. Dies führt zu langen Transportwegen, einer starken Abhängigkeit von vorgelagerten Bearbeitungsstationen und einem höheren zentralen Steuerungsaufwand und damit letztlich zu langen Durchlaufzeiten und starren Abläufen. Dagegen werden durch Gruppenfertigung Transportwege verkürzt und Konstruktions-, Planungs- und Steuerungsprozesse dezentralisiert. Verzichtet man ferner auf eine starre Arbeitsteilung und erweitert die Dispositionsspielräume des Einzelnen, gewährleistet die gewonnene technische und organisatorische Teilautonomie der einzelnen Produktionsbereiche eine hohe Fertigungsflexibilität (AWF 1990a, b).

In *Montagebereichen* lassen sich produktorientierte Gruppen bei komplexen Produkten auf Grund des hohen Teile- und Arbeitsumfangs, des damit verbundenen logistischen Steuerungsaufwands und der hohen Qualifikationsanforderungen nur schwer realisieren. Eine Ausnahme war der inzwischen eingestellte Versuch von Volvo, ein Auto von einer Gruppe komplett montieren zu lassen (Berggren 1991). Häufiger sind dagegen Versuche, Teilprodukte, (z.B. Kabelsätze, Armaturenbretter, Seitentüren) in *Montageboxen* bzw. *Montageinseln* komplett zu montieren (Antoni 1994; Schlund 1994). Da diese in der Regel durch fahrerlose Transportsysteme miteinander verbunden sind, besteht allerdings auch eine technische Abhängigkeit der Gruppen, die nur durch Zwischenpuffer und die Transportzeiten gelockert wird. Bei hohem Produktionsdruck gehen diese Zwischenpuffer und damit die Selbstregulationsmöglichkeiten der Gruppe weitgehend verloren. Dies zeigen die Erfahrungen von Volvo im Werk Kalmar (Berggren 1991).

In den letzten Jahren haben alle deutschen Automobilhersteller ihre Montageboxen sukzessive wieder aufgegeben und sind zum herkömmlichen Fließband zurückgekehrt (Jürgens 1997; Springer 1999). Dies ging einher mit einer Reduzierung der Taktzyklen zum Teil auf weniger als zwei Minuten und einer massiven Standardisierung der Tätigkeit. Das Prinzip japanischer Fertigungsteams scheint somit zumindest in den personalintensiven Endmontagen der Autohersteller auf dem Vormarsch. Ein eindrucksvolles Beispiel hierfür ist das Montagewerk von DaimlerChrysler in Rastatt, bei dem der Wechsel von der E-Klasse zur A-Klasse mit wesentlich größeren Stückzahlen und Drei-Schicht-Betrieb mit einer De-facto-Einführung des japanischen Produktionsprinzips verbunden war. Dessen Erfolg war bereits zuvor im Opel Werk in Eisenach und bei Ford Saarlouis unter Beweis gestellt worden. Bei großen Stückzahlen scheinen Montageinseln sowohl vom Steuerungs- als auch vom Kostenaufwand der Fließbandmontage unterlegen, auch wenn sie wesentlich intensivere Kommunikations- und Kooperationsmöglichkeiten eröffnen.

Bei einer Fließbandmontage sind die Kooperations- und kollektiven Entscheidungsmöglichkeiten der Mitarbeiter ohnehin eingeschränkt und umfassen allenfalls die selbstständige Arbeitseinteilung bzw. Planung des Arbeitswechsels, die Urlaubs- und Freischichtplanung sowie Problembearbeitungen im Rahmen der Gruppengespräche und die Wahl des Gruppensprechers. Individuelle Handlungsspielräume können dagegen prinzipiell durch die Erweiterung der Taktzyklen und durch die Integration indirekter Tätigkeiten vergrößert werden. Durch die technische Abhängigkeit der Gruppen können Gruppengespräche nur durchgeführt werden, wenn sie vor oder nach der regulären Schicht stattfinden oder das ganze Band angehalten wird. Sie führen damit zu einem deutlich sichtbaren Produktionsausfall und hohen Kosten. Eine Möglichkeit, die technische und damit auch die organisatorische Abhängigkeit zwischen den Gruppen zu vermindern, besteht in der Einrichtung von Zwischenpuffern. Auf Grund der damit verbundenen Kosten beschränkt man sich meist darauf, die technische Abhängigkeit größerer Bereiche zu reduzieren, indem Puffer zwischen einzelnen Montagebereichen eingerichtet werden.

Je nachdem, wie eng sich ein betriebliches Gruppenmodell an das japanische Konzept der Fertigungsteams anlehnt, werden selbst diese bereits geringen Handlungsspielräume weiter eingeschränkt. So kann etwa der Gruppensprecher vom Vorgesetzten ausgewählt werden und mit diesem die Gruppe steuern. Deren Mitwirkungsmöglichkeiten beschränken sich dann auf die Beteiligung am kontinuierlichen Verbesserungsprozess. Damit stellt sich die Frage, wie bei diesem Ansatz externe und interne Schwankungen bewältigt werden. Grundgedanke ist die Bildung kleiner Regelkreise. Dies beginnt beim Mitarbeiter, der für die Qualität seiner Arbeit verantwortlich ist und Störungen selbst beheben oder ansonsten sofort melden soll. Seine Kollegen im Fertigungsteam und vor allem sein Teamleiter sollen ihn dabei unterstützen. Um diesen Regelkreis klein zu halten, sollte ein Teamleiter nur zehn Mitarbeiter führen und aus analogen Gründen ein Meister nur zwei Teams.

Schwankungen im Produktionsprozess sollen durch Standardisierung sowie durch kontinuierliche Verbesserung dieser Standards minimiert werden. Standards werden dabei primär vom Team und dessen Vorgesetzten optimiert und festgelegt und nicht von zentralen Stabsstellen. Externe Schwankungen, beispielsweise kurzfristige Auftragssteigerungen oder -rückgänge, werden vom Meister durch Steuerung des Personaleinsatzes etwa mit Hilfe flexibler Arbeitszeiten oder durch den Verleih von Mitarbeitern ausgeglichen. Um diese Art der Selbstregulation effektiv vornehmen zu können, sind Aufgaben indirekter Funktionen, wie die Selbstkontrolle, in die Produktion integriert und den Vorgesetzten umfangreiche Kompetenzen im Bereich der Arbeitsvorbereitung und der Personalführung übertragen.

Mitarbeiter sollen bei diesem Ansatz nicht durch ganzheitliche Tätigkeiten motiviert werden, sondern durch extrinsische Anreize und durch Erfolge bei der Einhaltung und Verbesserung von Standards und bei der Erreichung von Zielen. Diese Überlegungen widersprechen den dargestellten Überlegungen des sozio-technischen Systemansatzes, wie auch handlungs- und motivationspsychologischen Überlegungen und werfen damit die Frage nach ihren empirischen Belegen auf, die bislang jedoch noch nicht geliefert wurden.

Kapitel 5
Wie führe ich selbstregulierende Teams?

Mit der Einführung selbstregulierender Arbeitsgruppen stellt sich das Problem, wie diese koordiniert und entsprechend den Unternehmenszielen gelenkt werden können, ohne dass sie dabei ihren Spielraum zur Selbstregulation wieder verlieren. Selbstregulierende Gruppen und autoritäres Management sind unvereinbar. Gefordert ist stattdessen Führen durch Zielsetzung (*Management by Objectives*). Zu den Aufgaben der Führungskräfte gehören daher die Definition von Zielen, Normen und Ressourcen, nicht aber die interne Kontrolle selbstregulierender Teams (Cummings 1978; Manz/Sims 1987). Im Sinne eines durchgängigen Führungsprinzips sollten daher Entscheidungen jeweils dort getroffen werden, wo die jeweiligen Probleme entstehen. Dies erfordert eine zielorientierte Führung von der Unternehmensleitung bis zu den teilautonomen Arbeitsgruppen auf der untersten Ebene. Die Einführung selbstregulierender Arbeitsgruppen hat somit Konsequenzen für die Rolle und die Aufgaben des gesamten Managements.

Aufgaben der Führung

Die Führungsaufgaben unterscheiden sich in Abhängigkeit von der jeweiligen Hierarchieebene in der Reichweite der Verantwortung. Das Prinzip der Selbstregulation beinhaltet, dass Verantwortung und Entscheidungskompetenzen stärker nach unten delegiert werden müssen. Es gilt dabei das Prinzip, dass möglichst dort entschieden werden soll, wo das Problem auftritt. Denn Verantwortung und Entscheidungskompetenz sind voneinander abhängig. Niemand ist bereit, Verantwortung für eine Sache zu übernehmen, für die er nicht auch Entscheidungskompetenz besitzt. Dies erfordert eine *aufgabenorientierte* an Stelle einer personorientierten *Organisationsgestaltung*. Dies könnte in vielen Fällen auf eine *flachere Führungspyramide*, also auf den Wegfall von Führungsebenen im Vergleich zu zentralisierten Organisationen hinauslaufen, ohne dass hierzu jedoch pauschale Aussagen ohne die Kenntnis anderer Faktoren gemacht werden können. Bei einer aufgabenorientierten Organisationsgestaltung ergeben sich für die Führungskräfte aller Unternehmensebenen deutliche Veränderungen (vgl. Emery 1972; Emery/Thorsrud 1982; Trist 1990).

Aufgabe des Aufsichtsrates ist es, falls gravierende Veränderungen der Umfeldfaktoren die Existenz des Unternehmens in seinen traditionellen Geschäftsfeldern in Frage stellen, dafür zu sorgen, dass die Ressourcen des Unternehmens neuen Tätigkeitsfeldern zugeführt werden. Er muss das Topmanagement unterstützen, die notwendigen Bedingungen für das Überleben des Unternehmens schaffen und die hierzu erforderlichen Ressourcen bereitstellen.

Die Aufgaben des *Topmanagements* liegen insbesondere in der Festlegung der strategischen Unternehmensziele und Gestaltung der Beziehungen zwischen dem Unternehmen und seiner Umwelt. Hierzu gehört insbesondere die Anpassung an Veränderungen des Marktes und gesellschaftlicher Rahmenbedingungen, sowie der Technik, die von entscheidender Bedeutung für das Unternehmen sind. Im Gegensatz zur Steuerung interner Abläufe ist niemand besser in der Lage, auf Umweltveränderungen zu reagieren, als eben die Unternehmensspitze. Dies setzt aber auch voraus, dass die Steuerung der internen Abläufe den teilautonomen Gruppen belassen werden.

Im Bereich des *mittleren und unteren Managements* verlagert sich das Gewicht von der Anweisung und Kontrolle der einzelnen Mitarbeiter zur Führung von Teams durch Zielsetzung und Feedback. Aufgabe der Vorgesetzten ist es, in Zusammenarbeit mit Kollegen Richtlinien für die eigene Abteilung und die Koordination der Abteilungen und Teams zu entwickeln, Arbeitsprogramme für verschiedene Abteilungen und Teams zu planen, die Weiterentwicklung und Verbesserung von Arbeitsabläufen, Strukturen und Kompetenzen zu stimulieren sowie die Einhaltung der Ziele und Nutzung der Ressourcen zu kontrollieren. Eine zunehmende Aufgabe besteht in der Mitarbeit in *Projektteams*, um abteilungs- bzw. funktionsübergreifende Aufgaben zu bearbeiten.

Die Bereitschaft des Managements, sich im Regelfall nicht in die übertragenen Aufgaben selbstregulierender Arbeitsgruppen einzumischen, sondern diese nur im Bedarfsfall, etwa bei Problemlösungen, zu unterstützen, ist eine Voraussetzung für deren effektive Arbeit. Dieser Bereitschaft bedarf es auf allen Hierarchieebenen, da ungeachtet der Bereitschaft der Unternehmensleitung, mehr Autonomie zu gewähren, die üblichen zentralisierten Entscheidungs- und Kontrollprozesse beibehalten werden, wenn die Führungskräfte im mittleren und unteren Management die Selbstregulation und Autonomie am Arbeitsplatz nicht unterstützen.

Wenn das mittlere und untere Management vom Prinzip der Selbstregulation überzeugt sind, kann dies zu einem sich selbst verstärkenden Regelkreis führen oder, im Falle der Ablehnung, in einen Teufelskreis münden. Ein Mangel an öffentlichem Interesse, an Bereitschaft für Vorschläge von unten oder eine zu langsame Realisierung neuer Vereinbarungen kann das Engagement bei den Mitarbeitern rasch lähmen. Dies würde dann wiederum das Management in seiner Auffassung bestärken, dass Kontrolle von oben die einzig sinnvolle Methode der Betriebsführung ist.

Den *unmittelbaren Vorgesetzten* selbstregulierender Teams, in Produktionsbereichen ist dies der Meister, kommt hierbei besondere Bedeutung zu (vgl. Duell/Alioth 1986). Sie sind das kritische Bindeglied zwischen der Gruppe und der übrigen Organisation. Sie sind von der Einführung teilautonomer Arbeitsgruppen am stärksten betroffen. Daher soll ihre Rolle bei der Führung selbstregulierender Arbeitsgruppen im Folgenden näher beleuchtet werden.

Allerdings gilt es zu beachten, dass in vielen Betrieben auch *Führungsstrukturen unterhalb der Meisterebene* bestehen, wie beispielsweise Vorarbeiter und Einrichter, die faktische Weisungskompetenz zum Beispiel bei der Arbeitseinteilung besitzen, aber formal keine Führungskräfte mit Disziplinarverantwortung sind. Sie sind in noch stärkerem Ausmaß von der Einführung von Gruppenarbeit betroffen, da ihre Regulationsfunktionen meist von den Gruppen bzw. den Gruppensprechern übernommen werden können. Diese informellen Führungsstrukturen sind daher mit der Einführung von Gruppenarbeit überflüssig und führen, wenn sie nicht aufgelöst werden, zu unklaren Zuständigkeiten und Konflikten. Dies bedeutet jedoch nicht, dass die Personen mit ihren Fachkompetenzen, wie zum Beispiel Maschinen einrichten zu können, überflüssig sind. Sie können vielmehr wichtige Funktionen innerhalb der Gruppen übernehmen. Inwieweit dies gelingt, hängt wesentlich davon ab, ob sie sich als Verlierer der Teamarbeit fühlen oder dies als Herausforderung betrachten und sich im Team eine neue Rolle suchen und darin auch unterstützt werden. Auf diese Problematik soll jedoch im Folgenden nicht näher eingegangen werden.

Die Rolle der Meister

Die Ergebnisse von Untersuchungen weisen darauf hin, dass es keine einheitlichen Auswirkungen der Einführung von Gruppenarbeit auf die betriebliche Führungsstruktur und die Führungsrollen gibt (Antoni 1996). Die unterschiedliche Entwicklung von Meistern belegt dies deutlich: die Spanne der Konsequenzen reicht vom Ausscheiden aus dem Unternehmen, der Koordination der Gruppen, dem Wechsel zur Arbeitsvorbereitung, der Integration in Serviceteams, bis zur Reintegration als Führungskraft in die Gruppe. Welche Auswirkungen die Einführung von Teamarbeit auf die betriebliche Führungsstruktur, -kultur, die Aufgaben, Rollen und Verhalten der Führungskräfte hat, ist somit wesentlich von dem Wollen und Können und den Erwartungen aller Beteiligten abhängig. Genau betrachtet ist die Frage nach den Auswirkungen von Gruppenarbeit auf die betriebliche Führungsstruktur und -rollen falsch gestellt, denn Arbeitsorganisation und Führungsstruktur können kaum sinnvoll getrennt voneinander gestaltet werden. Art und Umfang der Integration von Entscheidungskompetenzen und indirekter Aufgaben in die Gruppen erfordert auch eine Neudefinition der Aufgaben im Umfeld der Gruppen. Dies betrifft innerhalb des Managements insbesondere die unmittelbaren Führungskräfte, d.h. in der Produktion in der Regel die Meister.

Die Entwicklung der Rolle und Funktion der Meister wird jedoch nicht nur durch das eigentliche Gruppenkonzept beeinflusst.

Weitere Einflussfaktoren sind unter anderem die Kenntnisse und Fähigkeiten der Meister, ihr Entwicklungspotenzial und ihre Entwicklungsbereitschaft. Diese kann durch gezielte Unterstützungsmaßnahmen und das Aufzeigen von Entwicklungsperspektiven gefördert werden. Hierfür ist die Einstellung und die Bereitschaft des höheren Managements ausschlaggebend, den Meistern neue und gegebenenfalls höherwertige Aufgaben und erweiterte Entscheidungskompetenzen zu übertragen.

Vertritt das Management beispielsweise die Auffassung, dass die Meister bei der Entwicklung von Gruppenarbeit eine wesentliche Rolle spielen können, so wird es die Meister frühzeitig in den Prozess integrieren und mit Hilfe von Qualifizierungsmaßnahmen unterstützen. Dadurch wird wiederum die Wahrscheinlichkeit erhöht, dass die Meister ihrerseits in der Einführung von Gruppenarbeit eine Chance für ihre eigene Weiterentwicklung sehen und sich für die Gruppenarbeit engagieren. Mit der Übernahme von Aufgaben in Projektgruppen und in der Betreuung teilautonomer Arbeitsgruppen können die Meister in der Folge nicht nur eigene Sozial-, Methoden- und Veränderungskompetenzen entwickeln, sondern auch ihre eigene künftige Rolle entscheidend mitgestalten.

Konzentriert sich demgegenüber das Management auf die Teams und überlässt es den Meistern, sich in diesem Prozess zu engagieren, so fühlen diese sich vermutlich ausgeschlossen und sehen für sich keine Perspektive. Entsprechend stehen sie dann der Gruppenarbeit und Veränderungen der eigenen Rolle ablehnend gegenüber.

Viele Meister haben es nicht gelernt oder es verlernt, Eigeninitiative zu entfalten und ihre eigene Situation zu verändern. Sie wurden ähnlich wie die Mitarbeiter in eine ausführende Rolle gedrängt und überließen die Planung von Veränderungen den Fachabteilungen oder ihren Vorgesetzten. Insofern reicht es nicht aus, auf ihre Eigeninitiative zu warten und ihnen objektiven Handlungsspielraum zu eröffnen, sondern es bedarf einer aktiven Führung, Förderung sowie ergänzender Qualifizierungsmaßnahmen. Auf diese Weise können auch Vorurteile der Meister über die Handlungsabsichten des Managements wirkungsvoll bestätigt oder widerlegt werden.

Das Führungsverhalten des mittleren und oberen Managements spielt somit eine wichtige Rolle für die Entwicklung der Meister. An deren Verhalten orientieren sich die Meister und leiten daraus die Erwartungen an ihre eigene Person und ihre möglichen betrieblichen Zukunftsperspektiven ab. Sie lernen am Modell ihrer Vorgesetzten und werden wiederum durch deren Reaktionen in die eine oder andere Richtung verstärkt. Wird das autoritäre Führungsverhalten eines Meisters kritisiert, so mag sich bisweilen darin nur das Führungsverhalten seines Vorgesetzten widerspiegeln. Die im Management bisweilen diskutierte Meisterkrise (vgl. Bungard 1990) dürfte daher zum Teil nur eine Projektion der eigenen Probleme darstellen, Aufgaben und Kompetenzen zu delegieren und zielorientiert zu führen.

Aufgaben des Meisters bei der Führung selbstregulierender Arbeitsgruppen

Die Anforderungen, die sich an den Meister bei der Führung selbstregulierender Arbeitsgruppen stellen, werden oft mit der Rolle eines Coachs umschrieben. Im Unterschied zur klassischen Rolle des Meisters, die primär durch fachliche und technische Anforderungen geprägt war, stehen beim Coach soziale und methodische Kompetenzen und Führungsaufgaben im Vordergrund. Allerdings wäre es ein Trugschluss zu meinen, die fachlichen und technischen Anforderungen würden keine Rolle mehr spielen.

Die vielfältigen Anforderungen an den Meister bei der Führung selbstregulierender Arbeitsgruppen lassen sich im Wesentlichen in fünf Führungsaufgaben zusammenfassen (vgl. die Abbildung S. 78):

- Zielorientierte Führung und Entwicklung der Teams.
- Stabilisierung der Rahmenbedingungen für die Gruppenarbeit.
- Kontinuierliche Weiterentwicklung des sozio-technischen Systems (Kaizen).
- Mitarbeit bei Innovationen von Produkt, Technik- und Arbeitsorganisation.
- Personalführung.

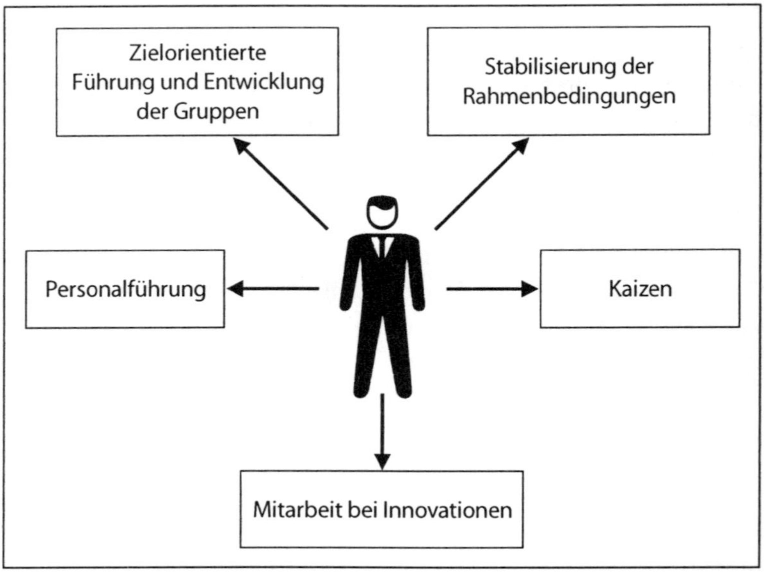

Aufgaben des Meisters bei selbstregulierenden Arbeitsgruppen

Zielorientierte Führung und Entwicklung der Teams

Dem Meister wird in der Regel die Führung mehrerer teilautonomer Arbeitsgruppen übertragen. Wie viele es sein können, ist von verschiedenen Einflussfaktoren, wie Gruppengröße, räumliche, technische und organisatorische Bedingungen, Art der Aufgabenstellung der Gruppen und auch deren Reifegrad im Sinne ihrer Fähigkeit zur Selbststeuerung abhängig. Beispielsweise können zwei schichtübergreifende Gruppen von einem Meister betreut werden.

Um effektiv arbeiten zu können, benötigt eine Gruppe klare, konkrete und im Hinblick auf die Gesamtorganisation abgestimmte Aufgabenstellungen und Zielsetzungen sowie eine möglichst kontinuierliche und verständliche Rückmeldung ihrer Arbeitsergebnisse und des Zielerreichungsgrades (vgl. Locke/Latham 1990). Darüber hinaus müssen die Spielregeln und Rahmenbedingungen geklärt sein, nach denen sich die Gruppe zu richten hat, bzw. innerhalb derer sie sich selbst steuern kann. Diese Voraussetzungen zu schaffen, ist eine wesentliche Aufgabe des Meisters. Hierzu muss er die Zielsetzungen für seinen Verantwortungsbereich in Ziele für die einzelnen Gruppen umsetzen. Im Sinne des partizipativen Grundgedankens teilautonomer Gruppenarbeit ist dabei eine gemeinsame Zielvereinbarung oder zumindest eine Erläuterung der Ziele einer von oben diktierten Zielsetzung vorzuziehen. Eine bloße Zielvorgabe scheint zudem eine deutlich geringere Leistung zu bewirken, als wenn die Ziele erläutert oder gemeinsam vereinbart werden.

Zielorientierte Führung setzt neben klaren und konkreten Zielen auch differenzierte und möglichst kontinuierliche Rückmeldungen über den Grad der Zielerreichung voraus, um Regelungsprozesse zu ermöglichen. Zwar ist es umso besser, je mehr Informationen eine Gruppe über ihre Arbeitsergebnisse unmittelbar aus ihrer Arbeit erkennen bzw. ableiten kann, doch ist das zum Teil nicht immer möglich, sodass die Rückmeldung dieser Informationen Aufgabe des Meisters ist. Darüber hinaus fällt ihm die Aufgabe zu, den Vergleich mit anderen Gruppen herzustellen und die erreichten Ergebnisse der Gruppe vor dem Hintergrund der Gesamtentwicklung seines Bereiches zu bewerten. Neben Fakten und der klaren Analyse von Zielabweichungen und deren Ursachen ist hier auch seine persönliche Rückmeldung im Sinne von Lob und Kritik gefragt, um Mitarbeiter zu motivieren und Lernprozesse zu fördern. Zur zielorientierten Führung gehört ferner, dass der Meister die Gruppe bei Problemstellungen unterstützt, die sie alleine nicht lösen kann. Bei Aufgaben, die in den Verantwortungsbereich der Gruppe fallen, sollte allerdings die Förderung von Lernprozessen, das heißt, die Hilfe zur Selbsthilfe nach Möglichkeit im Vordergrund stehen.

Eine besondere Bedeutung kommt der zielorientierten Führung und Unterstützung der Gruppen in der Einführungsphase der Gruppenarbeit zu. In dieser Phase sind die Fähigkeiten der Gruppe zur Selbstregulation noch nicht sehr ausgeprägt. Aber auch der Meister hat noch nicht sehr viel Erfahrung mit seiner neuen Rolle sammeln können. Von ihm wird nun ein schwieriger Balanceakt gefordert, der Gruppe einerseits Strukturen zu bieten, um die Mitarbeiter nicht zu überfordern, andererseits sich aus Entscheidungsprozessen und der Regelung von Abläufen zurückzuziehen, um der

Gruppe Raum für die eigene Entwicklung zu geben und sie zu fordern, das entstandene Vakuum auszufüllen (Doppler/Lauterburg 1994). Das Schwergewicht in dieser Phase muss daher in der Entwicklung der Fähigkeit der Gruppe zur Selbstregulation liegen. Dies erfordert, dass der Meister die Gruppe darin unterstützt, aus den vereinbarten Zielen eigene Unterziele abzuleiten, die Ergebnisse der Gruppenarbeit zu erfassen und zu analysieren und auf der Grundlage von Ist-Soll-Vergleichen die Gruppenprozesse zu regulieren. Diese Regulationsprozesse dürfen sich nicht nur auf die Erreichung quantitativer und qualitativer Produktionsziele beziehen, sondern müssen auch die Reflexion der Gruppenprozesse umfassen. Nur wenn die Gruppe die Fähigkeit entwickelt, ihr eigenes Verhalten, ihre Zusammenarbeit zu reflektieren, kann sie sich auch als Gruppe weiterentwickeln. Das hierzu erforderliche Coaching können in der Regel die Meister nicht von Anfang an leisten, da auch sie erst entsprechende Kompetenzen entwickeln müssen. Sie sollten zunächst in der Lage sein, ihr eigenes Verhalten zu reflektieren, bevor sie geschult werden können, andere zu coachen.

An dieser Stelle wird die Bedeutung des Einbezugs der Meister in die Projektarbeit für die Einführung von Gruppenarbeit offensichtlich, da in diesem Rahmen derartige Fähigkeiten hervorragend trainiert werden können. Dies setzt jedoch eine Unterstützung durch einen internen und/oder externen Change Agent oder Prozessberater voraus, der die Projektgruppe in dieser Hinsicht trainiert und im nächsten Schritt die Fähigkeiten der Meister zum Coaching der teilautonomen Arbeitsgruppen schrittweise entwickelt. Mit zunehmenden Fähigkeiten der Meister als Coach kann sich der Prozessbegleiter als Coach der Meister und der teilautonomen Arbeitsgruppen zurückziehen, um den Meistern die Übernahme der Coaching-Rolle zu ermöglichen. Dem mit diesem systematischen Entwicklungsprozess verbundenen Aufwand steht die Chance gegenüber, mehr Meister dahin zu entwickeln, dass sie selbstregulierende Arbeitsgruppen fördern und führen können, ihnen auf diese Weise eine alternative Perspektive zum Serviceteam zu eröffnen.

Stabilisierung der Rahmenbedingungen für die Gruppenarbeit

Eine erfolgreiche Selbststeuerung der Gruppen innerhalb der vorgegebenen Rahmenbedingungen erfordert, dass diese Vorgaben innerhalb der Planungshorizonte einigermaßen stabil sind. In diesem Zusammenhang ist es die Aufgabe des Meisters, sich abzeichnende Veränderungen möglichst frühzeitig zu erkennen und der Gruppe mitzuteilen. Soweit es ihm möglich ist, sollte er Gegenmaßnahmen einleiten, um die Rahmenbedingungen konstant zu halten. Zumindest sollte er Vorkehrungen treffen, dass die Probleme bewältigt und die Ziele auch unter veränderten Vorzeichen erreicht werden können. Soll beispielsweise eine Gruppe mit der Produktion einer zusätzlichen Produktvariante beauftragt werden, wäre es Aufgabe des Meisters, in Absprache mit der Gruppe zu versuchen, Einfluss auf den Planungshorizont bzw. die Auftragsprioritäten zu nehmen oder zusätzliche maschinelle oder personelle Ressourcen zu erhalten. Ein anderes Beispiel wäre, dass sich der Meister, wenn sich Engpässe bei Zulieferteilen eines Produktes abzeichnen, rechtzeitig um alternative Lieferanten kümmert.

Im Zusammenhang mit Engpasssituationen gehört es vor allem zu Beginn der Gruppenarbeit zu den Aufgaben des Meisters, den Personaleinsatz zwischen Gruppen zu koordinieren, wenn etwa krankheitsbedingte Engpässe auftreten, die innerhalb einer Gruppe nicht mehr ausgeglichen werden können, oder den Zugriff auf gemeinsame Ressourcen zu regeln, zum Beispiel einen gemeinsamen Schulungsraum, gemeinsam benutzte Werkzeuge und Maschinen, oder die Budgetverteilung. In Untersuchungen hat sich gezeigt, dass diese Koordinierungsfunktionen im Laufe der Zeit jedoch auch von Gruppensprechern übernommen werden und sich die Vorgesetzten auf die Klärung von Problemfällen beschränken können.

Kontinuierliche Weiterentwicklung des sozio-technischen Systems (Kaizen)

Ein wichtiger Aufgabenbereich des Meisters liegt in der kontinuierlichen Weiterentwicklung des sozio-technischen Systems, für das er verantwortlich ist. Da das Arbeitsergebnis seines Verantwortungsbereichs sowohl von technisch-organisatorischen Bedingungen als auch von den Mitarbeitern und deren Zusammenspiel abhängig ist, muss er sich daher um die Weiterentwicklung des technisch-organisatorischen und des sozialen Subsystems kümmern.

Auf der technisch-organisatorischen Seite sind damit unter anderem Verbesserungen und Weiterentwicklungen von Arbeitsmitteln und -verfahren, von Arbeitsabläufen und Arbeitsbedingungen angesprochen. Im Bereich des sozialen Systems können die Förderung der individuellen Qualifikationen der Mitarbeiter und der Teamentwicklung als Aufgaben des Meisters genannt werden, die zum Teil bereits im Rahmen der zielorientierten Führung und Entwicklung der Gruppen angesprochen wurden. Neben den bereits angesprochenen Punkten gehört es beispielsweise zu seinen Aufgaben, gemeinsam mit seinen Mitarbeitern die Qualifikationsstruktur in den Arbeitsgruppen zu analysieren und sie mit dem Sollzustand zu vergleichen, der für die angestrebte Personaleinsatzflexibilität notwendig ist. Auf der Grundlage dieses Soll-Ist-Vergleichs sind von ihm im nächsten Schritt entsprechende Qualifizierungsziele mit seinen Mitarbeitern zu vereinbaren und die notwendigen Maßnahmen einzuleiten.

Um diese Verbesserungsmaßnahmen entwickeln und umsetzen zu können, muss der Meister mit den betroffenen Mitarbeitern, den Gruppensprechern und teilautonomen Arbeitsgruppen sowie mit unterschiedlichen Fachabteilungen und seinen Vorgesetzten zusammenarbeiten. Zum Teil wird von ihm die Initiative ausgehen, zum Teil von den Arbeitsgruppen oder einzelnen Mitarbeitern oder von dritter Seite. Ein wichtiger Bestandteil seiner Rolle ist es somit, sowohl aus eigener Initiative zur Weiterentwicklung des sozio-technischen Systems beizutragen als auch entsprechende Bemühungen seiner Mitarbeiter oder Anregungen von anderen Bereichen tatkräftig zu unterstützen.

Mitarbeit bei Innovationen von Produkt, Technik und Arbeitsorganisation

Neben der kontinuierlichen Weiterentwicklung des sozio-technischen Systems wird die frühzeitige Mitarbeit des Meisters bei Produktinnovationen, technischen und arbeitsorganisatorischen Neuerungen eine noch größere Rolle spielen. In der tayloristischen Arbeitsorganisation war diese frühzeitige Einbindung des Meisters in

Entwicklungs- und Planungsprozesse ursprünglich nicht vorgesehen und wurde, als sie für notwendig erachtet wurde, durch die systemimmanente Funktions- und Arbeitsteilung erschwert. Durch die Selbststeuerung der Gruppen verfügt dieser über einen Freiraum, der es ihm gestattet, losgelöst vom Tagesgeschäft in bereichsübergreifenden Projektgruppen mitzuarbeiten.

Die Reintegration indirekter Funktionen in die Produktion dürfte im Laufe der Zeit auch den Abbau der kulturellen Barrieren und persönlichen Voreingenommenheiten zwischen Entwicklern, Planern und Produktionsmeistern fördern, die derzeit einer gemeinsamen Arbeit oft noch im Wege stehen. In vielen Unternehmen geht diese Entwicklung inzwischen so weit, dass die Meister die Projektleitung bei der Produktionsplanung neuer Produkte und dem dazugehörigen Aufbau neuer Fertigungsinseln übernehmen.

Personalführung

Eine wesentliche Funktion des Meisters bleibt schließlich die Personalführung, die ihm als Disziplinarvorgesetztem obliegt. Angesicht der vielen Kompetenzen, die in tayloristischen Organisationen die Personalabteilungen oder höhere Hierarchieebenen an sich gezogen haben, würde eine konsequente Dezentralisierung der Verantwortung im Zuge der Einführung teilautonomer Arbeitsgruppen verlangen, auch hier Kompetenzen an den früheren Meister zurückzugeben. Dies würde bedeuten, dass er beispielsweise mehr Einfluss auf Personaleinstellungen und -veränderungen erhält, dass Personalentwicklungsmaßnahmen stärker in seinen Zuständigkeitsbereich fallen, dass er über entsprechende Budgets für Schulungsmaßnahmen verfügt und dass er nicht zuletzt stärker an der Entgeltfestsetzung beteiligt ist, zum Beispiel im Rahmen der Leistungsbeurteilung. Da er es nicht mehr nur mit Einzelpersonen, sondern mit teilautonomen Gruppen zu tun hat, muss er allerdings seine Entscheidungen, beispielsweise über Einstellung oder Umsetzung von Mitarbeitern, mit den jeweils betroffenen Arbeitsgruppen abstimmen, um auch deren Mitsprachemöglichkeiten zu stärken.

Die Anforderungen an den Meister bei selbstregulierenden Arbeitsgruppen unterscheiden sich damit deutlich von den in Fertigungsteams.

Vergleich mit Aufgaben von Meistern bei Fertigungsteams

Bei Gruppenarbeit japanischer Prägung ist im Unterschied zu teilautonomen Arbeitsgruppen und zur tayloristischen Fertigung der Meister die zentrale Steuerungsinstanz. Er steuert und die Gruppe führt aus. Ähnlich wie in einer tayloristischen Fertigung ist es daher Aufgabe des Meisters, beispielsweise den Personaleinsatz zu planen und zu überwachen, sich um fehlende Teile oder Material zu kümmern. Allerdings ist im Unterschied zum tayloristischen Meisterbild der Aufgaben-, Verantwortungs- und Kompetenzbereich des Meisters wesentlich größer. Seine Rolle ist die eines »Werkstatt-Managers«, der für die Planung, Steuerung und Optimierung seines Bereiches weitgehend selbst verantwortlich ist. Dagegen sind im Konzept der teilautonomen Arbeitsgruppe die Planungs-, Steuerungs- und Kontrollfunktionen zumindest teilweise der Gruppe zur kollektiven Selbstregulation übertragen.

Allerdings reichen Strukturmerkmale alleine nicht aus, um die Art der Führung und der Teamarbeit zu kennzeichnen. Bei einer partizipativen Führung der Gruppe werden die Unterschiede zwischen regulierten und selbstregulierten Gruppen fließend, falls auch die Gruppenmitglieder ein entsprechendes Rollenverständnis besitzen. So ist bei einem partizipativ führenden Vorgesetzten eine Selbstregulation der Gruppe auch möglich, wenn dieser Gruppenmitglied ist und sich beispielsweise auf die Außenkontakte konzentriert. Umgekehrt kann auch in den Fällen, in denen der Vorgesetzte nicht Mitglied der Gruppe ist und der Gruppensprecher gewählt wird, die kollektive Selbstregulation durch eine Verkrustung der Gruppenstrukturen verhindert werden, indem beispielsweise die Gruppenmitglieder ihrem gewählten Gruppensprecher eine faktische Vorgesetztenrolle zuerkennen. Die Erwartungen und Verhaltensweisen der beteiligten Personen können auf diese Weise zu De-facto-Strukturen und Abläufen führen, die sich deutlich von den formal definierten unterscheiden (Weltz 1988). Es wäre jedoch sicherlich falsch, wenn man keine Wechselwirkungen zwischen formalen Strukturen und den Erwartungen und Verhaltensweisen der beteiligten Personen erwarten würde. Formale Strukturen fördern und fordern Verhaltensweisen, wie auch umgekehrt Werte, Erwartungen und Verhaltensweisen Organisationsstrukturen formen können (Kieser/Kubicek 1992). Fühlt sich ein Meister durch die neuen Anforderungen überfordert, bietet sich die Alternative an, ihn in ein Serviceteam zu integrieren.

Vom Meister zum Serviceteammitglied

Als Mitglied eines Serviceteams hat der frühere Meister keine Disziplinarfunktionen mehr, sondern soll teilautonome Arbeitsgruppen bei der Lösung technischer Probleme unterstützen. Neben dem Meister können Mitarbeiter anderer indirekter Abteilungen, wie zum Beispiel der Arbeitsvorbereitung, Mitglieder dieser Serviceteams sein. Im Prinzip können diese Serviceteams wie teilautonome Arbeitsgruppen im indirekten Bereich organisiert werden. Die zielorientierte Führung der Produktionsgruppen und der Serviceteams und die Personalverantwortung für die Mitarbeiter würde dann bei den Abteilungsleitern oder dem Produktionsleiter liegen. Die früheren Aufgaben der Meister wurden in diesem Falle weitgehend von den teilautonomen Arbeitsgruppen übernommen. Die Zielsetzung der Gruppe, ihre kollektive Planung und Steuerung muss jedoch nach wie vor mit einem Vorgesetzten abgestimmt wer-

Fazit

Es lässt sich festhalten, dass die Einführung von Gruppenarbeit nicht notwendigerweise zu einem Wegfall der Meisterebene führt, sondern zu einer Neubestimmung und inhaltlichen Aufwertung der Meisterrolle genutzt werden kann. Voraussetzung hierfür ist jedoch, dass Aufgaben, Kompetenzen und Verantwortung delegiert und adäquate Qualifizierungsmaßnahmen frühzeitig begonnen werden, um den Meistern die Wahrnehmung der neuen Funktionen zu ermöglichen.
Bei selbstregulierenden Gruppen gehört es zu den zentralen Aufgaben der Meister als Bindeglied zwischen Management und Gruppen, mit den Teams Ziele zu vereinbaren, die innerhalb der gegebenen Rahmenbedingungen erreichbar sind und für deren Erreichung sie selbst verantwortlich sind.

den, um ihre Integration in den betrieblichen Gesamtablauf und in übergeordnete Ziele zu Gewähr leisten. Das Bindeglied zwischen Gruppe und Vorgesetztem ist der Gruppensprecher, der das Sprachrohr der Gruppe nach außen darstellt und umgekehrt für Gruppenexterne der erste Ansprechpartner ist.

Führen durch Zielvereinbarung

Führen durch Zielvereinbarungen wird allgemein als probates Führungskonzept für selbstregulierende Teams angesehen. Umso verblüffender ist die Erfahrung, dass in vielen Betrieben keine Zielvereinbarungssysteme existieren, die diesen Namen verdienen. Ihre Ziele leben zum Teil nur in Vorträgen, Veröffentlichungen und Schautafeln, um sie Kunden oder Vorständen zu präsentieren. Betriebliche Schautafeln, deren letzter Eintrag bereits zwei Jahre zurückliegt, enthüllen jedoch ungewollt den Sterbezeitpunkt von Ziel-Feedback-Systemen. Wie viele betriebliche Gruppen- und Zielvereinbarungskonzepte zumindest in wesentlichen Teilen nur auf dem Papier stehen, ist schwer zu beurteilen. Unterstellt man, dass viele dieser Betriebe an lebensfähigen und effektiven Ziel-Feedback-Systemen interessiert sind, stellt sich die Frage, wie diese geschaffen werden können. Dazu sind drei Fragen zu beantworten:

- Was soll mit dem Zielsystem erreicht werden?
- Welche Probleme können die Umsetzung eines Zielsystems verhindern?
- Wie lassen sich diese Probleme vermeiden oder lösen?

Was soll mit dem Zielsystem erreicht werden?

Vor der Einführung eines Zielsystems für Teams muss die Frage beantwortet werden, welche Funktionen es erfüllen soll. Erst wenn diese Frage von allen von der Einführung betroffenen Personen und Gruppen, seien es Gruppenmitglieder, Führungskräfte oder Betriebsräte, schlüssig und im Kern einheitlich beantwortet werden kann, macht es Sinn, die Entwicklung und Umsetzung eines Zielsystems zu beginnen. Welche Funktionen können Ziele im Allgemeinen und Gruppenziele im Besonderen erfüllen?

Funktionen von Teamzielen	
Motivation	Ziele wirken wie ein Magnet, sie erzeugen eine Spannung und Energie, die zum Handeln drängen.
Aufmerksamkeit	Ziele konzentrieren die Aufmerksamkeit der Teammitglieder auf das Ergebnis.
Planung	Ziele ermöglichen eine gemeinsame Planung.
Überblick	Ziele und Pläne zur Zielerreichung verschaffen den Teammitgliedern Überblick über die Teamaktivitäten.
Maßstab	Ziele ermöglichen es zu prüfen, ob ein Team erfolgreich ist.
Sinngebung	Ziele verleihen dem Handeln Sinn.
Bindung	Gemeinsame Ziele schweißen ein Team zusammen.

Ziele dienen zur Steuerung, Regulation und Motivation von Handlungen, seien es Personen, Gruppen oder Organisationen (Hacker 1998; Locke/Latham 1990). Mit Zielen sind genau genommen Ziel-Feedback-Systeme gemeint. Ziele ohne Feedback zum jeweiligen Stand der Zielerreichung sind wenig hilfreich, da sie allein allenfalls eine Richtung weisen können. Wie viele Ressourcen, (z.B. Aufmerksamkeit, Zeit, Energie oder Geld) zur Zielerreichung benötigt werden, kann nur durch Vergleichsprozesse zwischen *Ist* und *Soll* entschieden werden. Werden Abweichungen festgestellt, kommt Zielen eine wesentliche Steuerungs- und Regulationsfunktion zu, sei es für Organisationen, Gruppen oder Individuen.

Aus der Organisationsperspektive dienen Gruppenziele in erster Linie zur Steuerung der Teams gemäß den Organisationszielen. Dies erfolgt, indem die Organisationsziele für die einzelnen Gruppen spezifiziert werden und die Gruppen zum jeweiligen Status der Zielerreichung ein Feedback erhalten. Es ist Aufgabe der Führungskräfte, die Gruppen auf die Organisationsziele auszurichten und den Einsatz der Ressourcen zu optimieren, indem sie die Ressourcen auf kritische Engpässe in einzelnen Gruppen konzentrieren. Umgekehrt können durch gruppenspezifische Informationen Organisationsziele modifiziert und auf die vorhandenen Potenziale abgestimmt werden.

Für die Gruppenperspektive gilt dies analog. Eine Gruppe kann mit Hilfe ihrer Ziele ihre Aktivitäten und Ressourcen regulieren und, sofern sie an der Zielsetzung beteiligt ist, mitsteuern. Ziele und Rückmeldesysteme sind somit eine wesentliche Voraussetzung für die Selbstregulation einer Gruppe und stellen auch für die Entwicklungsprozesse einer Gruppe einen Kristallisationskern dar. Ein gemeinsames Ziel kann eine Gruppe zusammenschweißen und sie motivieren, alle notwendigen Kräfte für seine Erreichung freizusetzen – vorausgesetzt, es existieren wirklich gemeinsame Ziele.

Gruppenziele entfalten ihre Wirkung erst voll, wenn sie von den einzelnen Gruppenmitgliedern akzeptiert werden und sie sich an sie gebunden fühlen (individuelle Perspektive). Unter dieser Bedingung steuern sie das Handeln und die Anstrengungen der Gruppenmitglieder vergleichbar zu individuellen Zielen. Der Einzelne kann sein Handeln auf die Gruppenziele ausrichten, seine individuellen Ziele mit den Gruppenzielen abgleichen und sich mit der Gruppe identifizieren. Durch die Einbindung individuellen Handelns in Gruppen- und Organisationsziele können Bedeutung und Sinn der Einzeltätigkeit steigen und zugleich die Bindung und Identifikation mit der Gruppe bzw. dem Betrieb gesteigert werden.

Wie lässt sich die Akzeptanz und Bindung an Gruppenziele erreichen? Wesentliche Faktoren sind insbesondere:

- Die Art der Zielvereinbarung bzw. Zielsetzung.
- Die Person und das Verhalten des Vorgesetzten.
- Die Einstellung zum Betrieb insgesamt.
- Die Einstellung zur Gruppe.
- Der wahrgenommene Zusammenhang zwischen Einzel-, Gruppen- und Organisationszielen sowie
- die Einschätzung, inwieweit die geforderte Leistung erbracht und die Ziele erreicht werden können.

Folgt man den Empfehlungen des »Management by Objectives«, sollen Ziele vereinbart und nicht vorgegeben werden, damit Mitarbeiter sie auch akzeptieren. Allerdings gibt es auch viele Situationen, in denen Mitarbeiter vorgegebene Ziele akzeptieren, insbesondere, wenn sie offensichtlich bedeutsam und dringlich sind. Werden jedoch Ziele gesetzt, ohne dass ihre Bedeutung einsichtig ist oder erläutert wird, steigt die Ablehnungsquote deutlich. Es empfiehlt sich daher, bei Zielvorgaben zumindest gut zu begründen, warum sie notwendig sind und dass sie vom Team erreicht werden können. Ferner sollte ein Vorgesetzter für Zielvorgaben gute Kenntnisse über die Sachlage und genügend Glaubwürdigkeit für seine Argumente besitzen. Zudem sollte es sich nicht um Ziele handeln, bei denen alle erwarten, dass sie an der Festlegung beteiligt werden. In allen anderen Fällen ist es jedoch ratsam, Ziele zu vereinbaren und nicht vorzugeben. Eine partizipative Zielvereinbarung bietet den zusätzlichen Vorteil, dass die Teammitglieder die Hintergründe und Anforderungen bei dem Zielgespräch genauer kennen und verstehen lernen und dadurch ihre Aufgabe besser bearbeiten können (Locke/Latham 1990).

Die Akzeptanz von Teamzielen ist ferner vom Nutzen abhängig, den der Einzelne sich davon direkt oder indirekt verspricht. Dieser ist in der Regel umso größer, je eher man glaubt, persönliche Ziele nur erreichen zu können, wenn auch die Gruppenziele erreicht werden. Ob eine solche Abhängigkeit gesehen wird, hängt insbesondere davon ab, inwieweit man die eigene Arbeitsaufgabe unabhängig von anderen Gruppenmitgliedern ausführen kann. Je weniger Kooperationsnotwendigkeiten gesehen werden, desto schwieriger ist es, eine Identifikation mit Gruppenzielen zu erreichen.

Aus dem Gesagten lassen sich einige generelle Anforderungen für die Entwicklung von Zielsystemen ableiten:

Ziele

- Ziele sollten möglichst präzise, messbar, klar und verständlich, herausfordernd, aber nicht unrealistisch, visualisiert und beeinflussbar sein, mit klaren Verantwortlichkeiten und zeitlichem Bezug (Wer, was, bis wann).
- Das Feedback zur Zielerreichung sollte präzise, klar und verständlich visualisiert, leicht zugänglich und zeitnah sein.
- Teamziele müssen mit der Gesamtorganisation zumindest in den Punkten abgestimmt werden, bei denen aus Sicht des Managements ein Koordinierungsbedarf besteht.

- Teamziele müssen sich auf eine Gruppe beziehen.
- Alle für die Zielerreichung relevanten Informationen müssen den Teammitgliedern zeitnah zugänglich und verständlich sein.
- Kennzahlen müssen spezifisch für jede Gruppe erfasst, möglichst anschaulich und in ihrer Entwicklung zum Ziel hin visualisiert werden.
- Der Nutzen der Zielerreichung für die Gruppe, die Gesamtorganisation und den Einzelnen muss klar sein.
- Der Sinn des gesamten Ziel-Feedback-Systems muss für jedermann verständlich sein.
- Die Datenerfassung und -visualisierung muss einfach sein.
- Die Daten müssen sich auf die Ereignisse und Prozesse beziehen, die für die Zielerreichung wesentlich sind.

So selbstverständlich diese Punkte sind, so erstaunlich ist es, dass diese Aspekte immer wieder übersehen werden. Dies beweist die Vielzahl der Probleme, die bei der Implementierung von Zielsystemen auftreten.

Welche Probleme können die Umsetzung eines Zielsystems verhindern?

Die Probleme, die die Umsetzung eines Zielsystems verhindern können, sind mannigfaltig und können bei dem Management, dem Betriebsrat, Meistern und Teammitgliedern auftreten. Das Grundproblem beginnt meist damit, dass dem Management, sei es Geschäftsleitung oder Abteilungsleitung, selbst nicht klar ist, was sie mit einem Zielsystem erreichen wollen. Beispielsweise wenn die Zielvereinbarung nur eingeführt wird, weil es en vogue ist. Werden Betriebsrat, betroffene Führungskräfte und Mitarbeiter an der Planung und Ausgestaltung des Zielsystems nicht beteiligt und keine ausreichenden Ressourcen für die Einführung bereitgestellt, sind weitere Folgeprobleme vorprogrammiert. Der Betriebsrat blockiert verständlicherweise, wenn er vor vollendete Tatsachen gestellt wird oder wenn er negative Auswirkungen durch das Zielsystem für die Mitarbeiter befürchtet. Problematisch kann es jedoch auch sein, wenn er Zielvereinbarungen nur aus der Entgeltperspektive betrachtet und dadurch positive Effekte für die Selbstregulation der Teams verloren gehen.

Gerade wenn Zielvereinbarungen ohne Begründung von oben neu eingeführt werden, verstehen viele Führungskräfte und Teammitglieder nicht, wozu dies notwendig ist, und lehnen sie daher ab. Die Ablehnung ist umso größer, wenn sie die Ziele als aufdiktiert empfinden und als Druckmittel ansehen. Sie erleben vorgegebene Ziele häufig als nicht beeinflussbar und/oder nicht erreichbar. Dies gilt insbesondere, wenn ihre Ziele sehr unspezifisch sind, zu viele Ziele gesetzt werden und Zielkonflikte auftreten. Werden nur bestimmte Ziele entlohnt, drohen andere verloren zu gehen. Häufig fehlt auch eine kontinuierliche und spezifische Rückmeldung für die einzelnen Ziele. Insbesondere wenn die Führungskräfte und Mitarbeiter nicht für die Zielvereinbarung geschult wurden, können sie nicht zwischen Maßnahmen und Zielen unterscheiden.

Da die betrieblichen Vorgesetzten, also in der Produktion die Meister, das Bindeglied zwischen Organisations- und Teamzielen darstellen, eskalieren die Probleme, wenn sie:

- Ziele nur »nebenbei« festlegen,
- Ziele mangelhaft begründen,
- ihre Mitarbeiter nicht ausreichend qualifizieren,
- Ziele nicht abgleichen,
- nicht bereit sind, Entscheidungskompetenzen an die Teams zu delegieren,
- mit den Teams keine Strategien vereinbaren, wie die Ziele erreicht werden können,
- die Gruppen nicht fordern, bei Problemen nicht unterstützen.

Wie lassen sich diese Probleme vermeiden oder lösen?

Um die angesprochenen Probleme zu vermeiden empfiehlt es sich, die Einführung zielorientierter Führung im Rahmen eines Projektes unter Einbeziehung der Betroffenen zu planen (vgl. folgende Übersicht).

Ablauf bei der Einführung eines Zielsystems			
Phasen			
Entscheidung	*Planung*	*Einführung*	*Konsolidierung*
• Grundsätzliche Entscheidung in Bezug auf zielorientierte Führung	• Zielsetzung klären • Projektteam beauftragen • Grobstruktur und Eigenschaften des Zielsystems klären • Strategie und Bedarf festlegen	• Durchgängigen »Zielebaum« erstellen • Feedbacksystem entwickeln und ggf. mit einem Anreizsystem koppeln • Qualifizierung von Führungskräften und Mitarbeitern • Zielsetzungsgespräche führen	• Zielverfolgung • Regelmäßige Teamsitzungen • Anpassung und Weiterentwicklung

Dies beginnt mit der Grundsatzentscheidung der Unternehmensleitung, ob eine zielorientierte Führung gewollt wird oder nicht und was damit erreicht werden soll. Mit der Entwicklung und Umsetzung sollte dann ein Projektteam beauftragt werden, das die Grobstruktur und die Merkmale des Zielsystems festlegt und eine Einführungsstrategie entwickelt. Zu den Zielen muss dann ein passendes Rückmeldesystem erstellt werden, das gegebenenfalls auch mit einem Anreizsystem gekoppelt werden kann (vgl. Kapitel Entgeltsysteme). Die konkrete Ausgestaltung sollte dabei immer zusammen mit Vertretern der jeweils betroffenen Gruppen erfolgen, um praktikable und verständliche Lösungen zu gewährleisten. Im Projektteam sind dabei insbesondere folgende Fragen zu klären:

- ❖ Welche Ziele werden vorgegeben, welche mit der Gruppe vereinbart?
- ❖ Wird nur die Höhe oder auch das Zielmerkmal selbst vereinbart?

- Welche Mischung von »harten« und »weichen« Zielen wird angestrebt?
- Wie viele Ziele werden pro Gruppe angestrebt?
- Welche Laufzeit haben die Ziele?
- Wie hoch ist der Auflösungsgrad des Feedbacksystems?
- Welche Indikatoren gibt es für die Zielerreichung?
- Wie sind die Ziele an das Entgeltsystem gekoppelt?

Vor der Implementierung sollten dann Schulungsmaßnahmen für alle Betroffenen durchgeführt und Hilfsmittel für die Zielvereinbarung (vgl. das Beispielformular zur Zielvereinbarung) und Zielverfolgung bereitgestellt werden. Besondere Beachtung sollte dabei den Führungskräften geschenkt werden, sollen diese doch die Zielsetzungsgespräche führen, die Umsetzung vor Ort unterstützen und die Erreichung der Ziele kontrollieren (vgl. die Ausführungen S. 113ff.).

<table>
<tr><th colspan="8">Beispielformular zur Zielvereinbarung mit einer Gruppe</th></tr>
<tr><td colspan="8">Zielvereinbarung zwischen</td></tr>
<tr><td rowspan="2">Ziele</td><td colspan="2">Erfolgs-
kriterien</td><td colspan="3">Meilensteine</td><td rowspan="2">End-
termin</td><td rowspan="2">Ressourcen</td></tr>
<tr><td>Ist</td><td>Soll</td><td>1</td><td>2</td><td>3</td></tr>
<tr><td>1.</td><td></td><td></td><td></td><td></td><td></td><td></td><td></td></tr>
<tr><td>2.</td><td></td><td></td><td></td><td></td><td></td><td></td><td></td></tr>
<tr><td>3.</td><td></td><td></td><td></td><td></td><td></td><td></td><td></td></tr>
<tr><td>4.</td><td></td><td></td><td></td><td></td><td></td><td></td><td></td></tr>
<tr><td>5.</td><td></td><td></td><td></td><td></td><td></td><td></td><td></td></tr>
<tr><td colspan="2">Vereinbart am</td><td colspan="6">Unterschriften</td></tr>
</table>

Gerade in der Einführungsphase bedarf es einer intensiven Begleitung, um auftauchende Probleme frühzeitig zu erkennen und gegebenenfalls das Ziel- und Feedbacksystem den gewonnenen Erkenntnissen anpassen zu können. Diese Erfahrungen sollten ferner in die bestehenden Schulungskonzepte und Unterlagen, wie zum Beispiel Checklisten, eingearbeitet werden.

Checkliste für Zielsetzungsgespräche

Fragen zur Vorbereitung des Zielvereinbarungsgesprächs:

Wer ist an der Zielvereinbarung beteiligt?
(Zum Beispiel: Teamsprecher, -mitglieder, Führungskräfte, Betriebsrat)

Welche Erfahrung und welchen Entwicklungsstand hat die Gruppe?

Welche Ziele sollen ausgewählt werden?
(Zum Beispiel: Was ist am dringlichsten?)

Wo ist am schnellsten Erfolg zu erreichen?
(Zum Beispiel: Ergebnisziele wie Kosten, Qualität; Prozessziele wie Qualifikationsstand, Zusammenarbeit)

Liegen alle notwendigen Informationen vor?
(Zum Beispiel: Ziele des Meisters, Vorjahreszahlen der Gruppe)

Wie sollen Zielvorgaben kommuniziert werden?
(Zum Beispiel: Hintergründe, Prioritäten)

Wie viele Ziele sollen ausgewählt werden?

Ist genügend Zeit für den Zielsetzungsprozess eingeplant?

Fragen zur Durchführung einer Zielvereinbarung:

Fragen zur Zielformulierung

Sind die Ziele präzise, messbar, klar und verständlich, herausfordernd, realistisch und beeinflussbar?

Sind klare Verantwortlichkeiten und Termine definiert?

Sind Mess-/Erfolgskriterien festgelegt und wie sie wann erfasst und visualisiert werden?

Sind »weiche« Ziele durch spezifische Maßnahmen konkretisiert? (Zum Beispiel: »Verbesserung der Zusammenarbeit mit …« durch gemeinsame monatliche Treffen)

Gibt es Zielkonflikte innerhalb des Teams, mit anderen Abteilungen oder Gruppen?

Ist die Zustimmung jedes einzelnen Teammitglieds bei Zielvereinbarungen erfragt?

Sind alle Zielsetzungen ausführlich begründet und erörtert worden?

Wie wird die Zielvereinbarung dokumentiert?

Fragen zur geplanten Umsetzung

Ist für die Erreichung der Ziele eine verbindliche Strategie vereinbart? (Zum Beispiel: »Was muss verändert werden?«)

Wie, durch wen und wann erfolgt die Rückmeldung über die Entwicklung der Zielkriterien?

Sind potenzielle Zusatzbelastungen einzelner Teammitglieder eingeplant? (Zum Beispiel durch Dokumentation von Kennzahlen)

Was ist zu tun, wenn Probleme auftreten oder sich Rahmenbedingungen ändern?

Wie erfolgt die Unterstützung bei Problemen?

Fragen zur Erfolgskontrolle

Wie und wann wird die Zielerreichung überprüft?

Was passiert bei Erreichen oder Nichterreichen eines Ziels?

Sind mögliche Konsequenzen einkalkuliert? (Zum Beispiel: Personalüberhang, Entgelt, Kunden-Lieferanten-Beziehungen)

Kapitel 6
Was macht Teamarbeit erfolgreich?

Stellt man Praktikern die Frage, was ein Team erfolgreich macht, wird man sicherlich viele Antworten erhalten. Bei Wissenschaftlern ist dies nicht anders. Bis heute tut man sich schwer, ein Modell zu finden, das nicht nur plausibel ist, sondern sich auch empirisch bewährt. Sowohl für praktische Gestaltungsempfehlungen als auch für deren wissenschaftliche Überprüfung ist es jedoch hilfreich, ein Modell zu haben, das die Vielzahl der Einflussgrößen und deren Wechselbeziehungen systematisiert und verhindert, dass man sich in Details verliert. Im Folgenden wird ein solches Modell vorgestellt, das auf den vorliegenden Erfahrungen aufbaut und diese zu integrieren sucht, ohne dass es jedoch in seiner Gesamtheit und seinen Wirkungsmechanismen bereits empirisch abgesichert wäre (vgl. Cummings 1978; Hackman 1987).

Einflussfaktoren für erfolgreiche Teamarbeit

Um die Frage zu beantworten, von welchen Faktoren der Erfolg eines Teams abhängt, muss zunächst definiert werden, was unter Erfolg zu verstehen ist. Erfolg oder die Effektivität einer Gruppe kann aus unterschiedlichen Perspektiven beurteilt werden: aus Sicht von Kunden, von Shareholdern, Vorgesetzten, Kollegen oder von Gruppenmitgliedern. Neben der Beurteilung des Gruppenergebnisses spielt es zumindest langfristig eine Rolle, ob durch die Zusammenarbeit die Fähigkeit und die Bereitschaft der Gruppenmitglieder, auch künftig zusammenzuarbeiten, gefördert wird. Diese Bereitschaft dürfte auch davon abhängen, inwieweit die Gruppenmitglieder durch die Gruppenarbeit ihre eigenen Bedürfnisse befriedigen oder eigene Ziele erreichen können. Effektivität von Gruppen kann somit anhand von drei Kriterien definiert werden:

- Das Ergebnis der Gruppenarbeit muss für die Personen, die es beurteilen, akzeptabel sein.
- Die sozialen Prozesse bei der Gruppenarbeit erhalten oder fördern die Fähigkeit der Gruppenmitglieder, auch bei künftigen Aufgaben zusammenzuarbeiten.
- Die Erfahrung der Gruppenarbeit befriedigt die Bedürfnisse der einzelnen Gruppenmitglieder und dient der Erreichung ihrer Ziele.

Diese Effektivität einer Gruppe ist im Wesentlichen von dem Ausmaß der Anstrengung der Gruppenmitglieder bei der Aufgabenausführung, dem Umfang ihres Wissens und ihrer Fertigkeiten, sowie der Angemessenheit der Strategien zur Aufgabenbearbeitung abhängig (vgl. die Abbildung auf S. 99).

Das Ausmaß, in dem sich die Gruppenmitglieder anstrengen, lässt sich vor allem durch die

- Gestaltung der Gruppenaufgabe,
- des Belohnungssystems und
- der Gruppeninteraktion beeinflussen.

Die Gestaltung der Gruppenaufgabe beeinflusst die intrinsische Motivation (s. Seite 104; vgl. Hackman/Oldham 1980). Im Einzelnen sind es fünf Kerndimensionen der Arbeit, nämlich deren Vielfältigkeit, Ganzheitlichkeit, Bedeutung sowie Autonomie und Feedback.

Als ergänzende motivationale Einflussgröße kommt ein gruppenorientiertes Belohnungssystem hinzu, das herausfordernde, spezifische Leistungsziele für die Gruppe setzt, ihr entsprechendes Feedback über die Zielerreichung gibt und die in Abhängigkeit der Zielerreichung belohnt.

Das Ausmaß an Anstrengung ist ferner durch die Art der Gruppennormen bzw. -interaktion beeinflusst. Hierbei geht es insbesondere um mögliche Koordinations- und Reibungsverluste, die insbesondere bei wachsender Gruppengröße und schlecht definierten Aufgaben auftreten können. Beispielsweise indem Gruppenmitglieder als »Trittbrettfahrer« sich mit eigenen Anstrengungen zurückhalten.

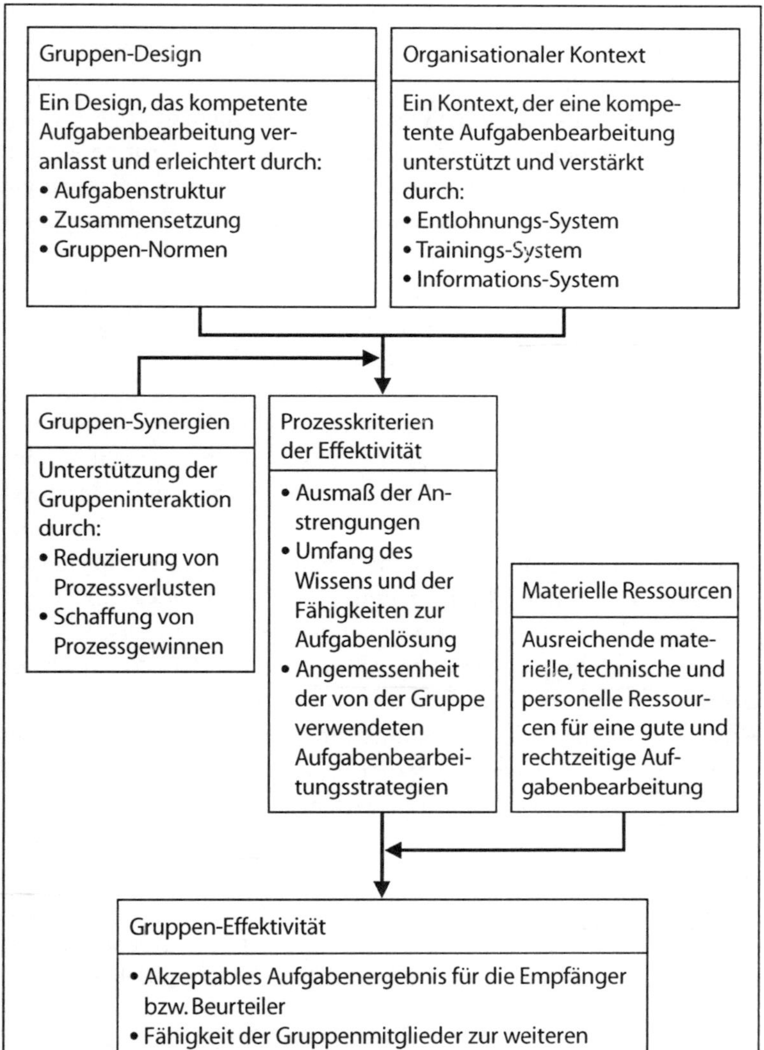

Einflussfaktoren der Effektivität von Teamarbeit (Hackman 1987)

Die Zusammenarbeit in der Gruppe kann aber auch zu Synergieeffekten führen, wenn sich beispielsweise ein starker Teamgeist bildet und sich die Mitarbeiter für das Team voll einsetzen.

Das Wissen und Können der Gruppenmitglieder hängt in erster Linie von der personellen Zusammensetzung der Gruppe ab. Für effektive Gruppenarbeit sollten die Gruppenmitglieder fachlich gut qualifiziert sein und soziale Kompetenzen besitzen. Ferner sollte die Gruppenstruktur eine gewisse Heterogenität aufweisen, um eine gegenseitige Ergänzung und Befruchtung der Gruppenmitglieder zu ermöglichen. Dies setzt eine überlegte Gruppenbildung voraus, um mit einer möglichst kleinen Zahl an Mitgliedern die Aufgabe ausführen zu können. Nicht vorhandene, aber erforderliche Qualifikationen können im Rahmen von Trainingsprogrammen vermittelt werden, denen in diesem Zusammenhang ebenfalls eine große Bedeutung zukommt. Dies kann auch »on the job« durch gegenseitige Unterweisung und Unterstützung geschehen. Vorhandene Qualifikationen der Gruppenmitglieder müssen schließlich auch zur Geltung kommen können und dürfen nicht etwa auf Grund von Statusüberlegungen im Gruppenprozess verloren gehen.

Die Anwendung angemessener Strategien bei der Aufgabenbearbeitung wird wahrscheinlicher, wenn verbindliche Gruppennormen entwickelt werden, die die Erarbeitung alternativer Problemlösestrategien fördern, wenn die vorhandenen Informationssysteme die hierzu erforderlichen Daten bereitstellen und wenn die Gruppe die geplanten Maßnahmen auch konsequent umsetzt. An Informationen benötigt die Gruppe vor allem klare Angaben zu den Aufgabenanforderungen, den vorhandenen Ressourcen und den Beurteilungskriterien und -standards. Um alternative Vorgehensweisen bewerten zu können, sollte sie auch die unterschiedlichen Handlungskonsequenzen beurteilen können. Der Umfang an benötigten Informationen hängt wesentlich vom Handlungsspielraum der Gruppe ab. Je mehr Entscheidungen an sie delegiert sind, desto mehr Informationen benötigt sie auch, um angemessene Strategien der Aufgabenbearbeitung entwickeln zu können.

Auch das Umfeld, in dem eine Gruppe arbeitet, muss berücksichtigt werden. So kann beispielsweise eine Gruppe, die eine Aufgabe nur auf eine bestimmte Art bearbeiten kann, ebenso erfolgreich sein wie eine andere Gruppe, die unterschiedliche Strategien der Aufgabenbearbeitung beherrscht, wenn nur diese eine Strategie gefordert wird. Ändern sich jedoch die Anforderungen und werden andere Vorgehensweisen verlangt, so treten schnell große Unterschiede in der Effektivität der Gruppen zu Tage, da nur entsprechend flexible Gruppen die Aufgaben adäquat bearbeiten können.

Eine weitere Einflussgröße der Effektivität von Arbeitsgruppen sind die vorhandenen personellen, materiellen, technischen und finanziellen Ressourcen. Nur wenn angemessene Ressourcen für die Aufgabenbearbeitung zur Verfügung stehen, können die Anstrengung, das Wissen und Können und die Bearbeitungsstrategien der Gruppe zu einem guten Ergebnis führen. Technische Einflussgrößen wie der Automatisierungsgrad oder die Kapazität einer Anlage können einen wesentlichen Einfluss auf die Produktivität einer Gruppe haben.

Was das Führungsverhalten der Vorgesetzten anbelangt, lässt sich aus den Anforderungen an die Gestaltung der Aufgabenstruktur und die Informationssysteme ableiten, dass Entscheidungen an die Gruppe delegiert werden sollen, und diese entsprechend mehr und genauere Informationen über Ziele, Anforderungen, Rahmenbedingungen und über die (möglichen) Konsequenzen ihrer Arbeit benötigen. Die Verteilung von Aufgaben, Verantwortung, Kompetenzen sollte in Abhängigkeit von der Art der Aufgabe, der Organisationskultur, der Bereitschaft und Fähigkeit der Mitarbeiter erfolgen. Die primäre Aufgabe von Führungskräften besteht darin, leistungsfördernde Bedingungen für die Gruppenarbeit zu schaffen und der Gruppe innerhalb dieser Rahmenbedingungen viel Handlungsspielraum zu eröffnen. Ansatzpunkte hierfür wären beispielsweise die Gestaltung motivierender Arbeitsaufgaben, Belohnung guter Leistungen, Verbesserung gruppeninterner Abläufe und des Teamgeistes oder die Vereinbarung klarer Leistungsstandards.

Je nachdem, welche Entscheidungskompetenzen an die Gruppe delegiert werden, können drei Kategorien unterschieden werden:

- Gruppen, die von einem Vorgesetzten reguliert werden.
- Selbstregulierende Gruppen.
- Selbstgestaltende Gruppen.

Verteilung der Verantwortung bei beispielhaften Gruppenformen

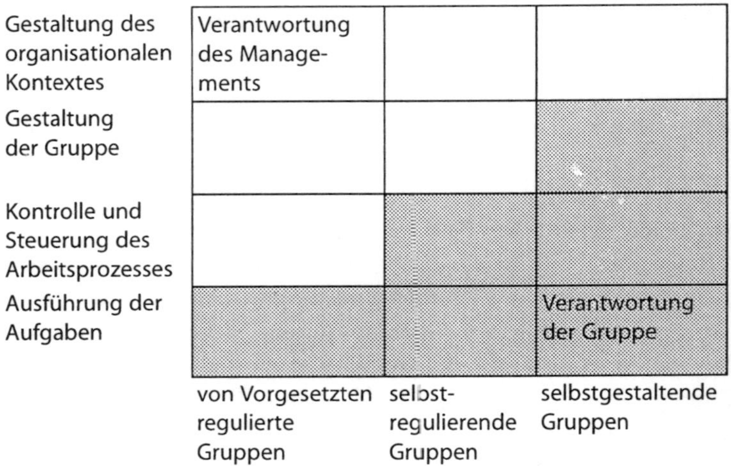

(Hackman 1987)

Bei der Führung selbstregulierender Gruppen hat das Management primär die Aufgabe, klare und stabile Rahmenbedingungen für die Selbstregulation der Gruppenaufgaben zu schaffen und sie bei der Qualifizierung für diese Aufgaben zu unterstützen.

Die Auswirkungen der Selbstregulation auf die Effizienz der Gruppenarbeit werden von Merkmalen des technischen und sozialen Systems moderiert. Es ist mit umso stärkeren positiven Effekten der Selbstregulation zu rechnen, je weniger die Entwicklung der Umweltanforderungen vorhergesagt werden kann, je komplexer und unberechenbarer der Produktionsprozess ist, je mehr technisch bedingte Kooperationsanforderungen bestehen und je stärkere soziale und Entfaltungsbedürfnisse die Gruppenmitglieder besitzen.

Eine wesentliche Voraussetzung für die erfolgreiche Einführung und spätere Effizienz selbstregulierender Gruppen ist eine partizipative Einführungsstrategie. Indem eine Gruppe ihre eigenen Arbeitsweisen und Abläufe entwickelt, kann sich ihre Autonomie schrittweise ausweiten. Dies setzt klar definierte Gruppenaufgaben, Gruppenarbeitsbereiche und Kennzahlen für die Gruppenleistung voraus sowie entsprechende Qualifizierungs- und Teamentwicklungs-Maßnahmen. Die Effizienz von Gruppen ist ferner durch die Art der Organisationsstruktur und -kultur beeinflusst. Ein günstiges Umfeld für selbstregulierende Gruppen sind Organisationsstrukturen, die nach ähnlichen Prinzipien aufgebaut sind. Entsprechende Organisationsprinzipien sind zum Beispiel Dezentralisierung von Entscheidungskompetenzen, geringe Formalisierung oder netzförmige Kontroll- und Kommunikationsstrukturen.

Die Bedeutung einer offenen und risikobereiten Organisationskultur ergibt sich aus den einschneidenden Veränderungen, die mit der Einführung teilautonomer Arbeitsgruppen verbunden sein können. So kann es zu einschneidenden Veränderungen von Hierarchien, Macht- und Kommunikationsstrukturen, Arbeitsabläufen und der Entgeltsysteme kommen. Derartige Veränderungen können leichter in Organisationen umgesetzt werden, die Offenheit, Experimentierfreude und Risikobereitschaft fördern.

Speziell in der Einführungsphase kann die Entwicklung der Gruppen dadurch gefördert werden, dass sie vor zu viel Druck geschützt werden, den Beschäftigten eine Bestandsgarantie hinsichtlich Einkommen und Beschäftigung gegeben wird und ihnen im Sinne einer differenziellen Arbeitsgestaltung (Ulich 1994) gegebenenfalls alternative Arbeitsplätze angeboten werden, falls sie keinen Gefallen an Gruppenarbeit finden.

Im Folgenden sollen einzelne Ansatzpunkte zur Förderung erfolgreicher Teamarbeit näher dargestellt und an Beispielen veranschaulicht werden. Dies sind im Einzelnen:

- Die Gestaltung motivierender Teamaufgaben.
- Die Auswahl geeigneter Teammitglieder.
- Die Entwicklung und Qualifizierung der Teammitglieder.
- Die Förderung von Synergieeffekten.
- Der Aufbau teambezogener Informations- und Steuerungssysteme.
- Die Einführung teamorientierter Entgelt- und Belohnungssysteme.
- Die Flexibilisierung der Arbeitszeiten.
- Die prozessorientierte Organisationsgestaltung.

Gestaltung motivierender Teamaufgaben

Zur Beantwortung der Frage, wie motivierende Teamaufgaben gestaltet werden, können Erkenntnisse der Forschung zur Arbeitsmotivation herangezogen werden (zum Beispiel Herzberg 1966; Hackman/Oldham 1980; Trist 1990). Danach sind zwei unterschiedliche *Entstehungsbedingungen von Arbeitsmotivation zu unterscheiden*:

- *Intrinsische Arbeitsmotivation*: Die Ausführung der Arbeitsaufgabe befriedigt in sich selbst Bedürfnisse des Beschäftigten oder die Merkmale der Arbeitsaufgabe fördern die Aufgabenorientierung.
- *Extrinsische Motivation*: Die Ausführung der Arbeitsaufgabe ist eine notwendige Voraussetzung, um andere befriedigende Ziele zu erreichen, das heißt, sie hat instrumentelle Funktionen, zum Beispiel um andere unangenehme Konsequenzen zu vermeiden.

Mit extrinsischen Formen der Arbeitsmotivation sind Probleme verbunden. So erfordern extrinsische Motivationssysteme Kontrollen, die sicherstellen, dass Mitarbeiter keine ungerechtfertigten Belohnungen oder Bestrafungen erhalten. Dieser Zwang, Leistungs-Belohnungs-Beziehungen zu kontrollieren, kann zu einer immer weiter gehenden Arbeitsteilung führen und damit intrinsische Motivation erschweren und extrinsische Formen der Motivation weiter verstärken.

Welche Anforderungen der Aufgabe bewirken nun eine Aufgabenorientierung, die den Beschäftigten veranlasst, auch ohne äußere Anreize und ohne unmittelbare Bedürfnisbefriedigung eine Aufgabe auszuführen? Voraussetzungen für die Entstehung von Aufgabenorientierung sind (Emery 1972):

- Die Kontrolle des Arbeitenden über seine Arbeitsabläufe und Hilfsmittel.
- Strukturelle Merkmale der Aufgabe, die so beschaffen sein müssen, dass sie Kräfte auslösen, die den Arbeitenden zur Vollendung oder Fortführung seiner Aufgabe bewegen.

Das Ausmaß an *Kontrolle*, das ein Mitarbeiter über seine Arbeitsabläufe hat, ist von drei Faktoren abhängig:

- Dem Ausmaß externer Kontrolle.
- Der Art der Aufgabe.
- Dem Wissen und den Fertigkeiten des Beschäftigten.

Die Einflussmöglichkeiten des Beschäftigten auf seine Arbeit werden zunächst beeinflusst durch das Ausmaß an externer Kontrolle durch Vorgesetzte oder andere Kontrollinstanzen wie etwa die Qualitätssicherung. Um von einer Kontrolle des Beschäftigten über seine Aufgabe sprechen zu können, muss ihm eine gewisse Teilautonomie gewährt werden. Dies setzt voraus, dass Entscheidungen an ihn delegiert werden oder er an Entscheidungen zumindest beteiligt wird. Den Zusammenhang zwischen individuellem Entscheidungsspielraum und externer Kontrolle veranschaulicht die folgende Abbildung.

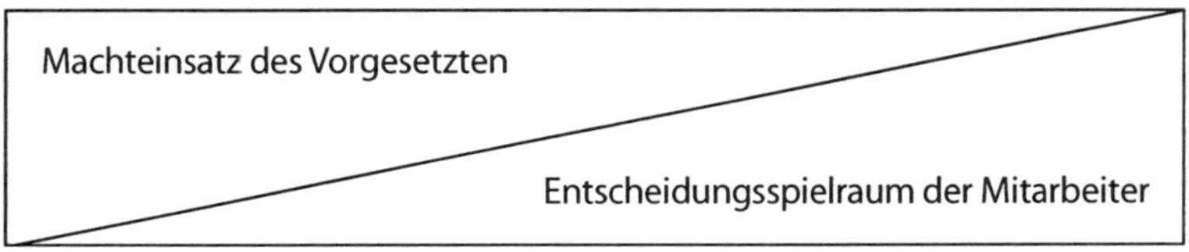

Kontinuum des Führungsverhaltens (nach: Tannenbaum/Schmidt 1958)

Ferner bestimmt die Art der Aufgabe die Einflussmöglichkeiten der Beschäftigten. Aufgaben, die keine Möglichkeiten zu unterschiedlichem auftragsbezogenem Handeln bieten, lassen auch keine Entscheidungen des Beschäftigten zu, wie er die Aufgabe bearbeiten möchte. Das Ausmaß an Kontrolle des Mitarbeiters ist abhängig von dem Entscheidungs- bzw. Handlungsspielraum der Aufgabe. Beispiele für Wahlmöglichkeiten bei der Ausführung einer Aufgabe sind Entscheidungen über die Vorgehensweise, über die Erfüllung der Qualitätsanforderungen oder über die Planung und Organisation der eigenen Arbeit, um sie in einer vorgegebenen Zeit zu erledigen.

Inwieweit der Handlungsspielraum einer Aufgabe von den Beschäftigten erkannt und genutzt werden kann, hängt von ihren Kenntnissen und Fertigkeiten ab. So können qualifizierte Mitarbeiter zwischen alternativen Bearbeitungswegen wählen, die weniger qualifizierten gar nicht bewusst sind.

Kontrolle, im Sinne der Beeinflussbarkeit von Arbeitsabläufen, setzt somit voraus, dass objektive Handlungsspielräume bestehen und diese auch subjektiv erkannt und genutzt werden können (Emery 1972; Frese 1978; Hacker 1998).

Nicht nur ausgeübte Kontrolle, sondern bereits wahrgenommene Kontrolle kann sich positiv auf Leistungs- und Zufriedenheitsindikatoren auswirken bzw. wahrgenommener Kontrollverlust zu Resignation, Passivität und sogar zu psychischen und physischen Schädigungen führen. Allerdings stellt die subjektive Bewertung der Folgen von vorhandener oder fehlender Kontrolle hierbei einen wichtigen Einflussfaktor dar. Sieht eine Person keine bedeutsamen Konsequenzen bei fehlender Kontrolle, so scheint sich diese nicht negativ auszuwirken.

Die Kontrolle eines Arbeitenden über seine Tätigkeit hängt somit nicht nur, aber auch von Merkmalen der Arbeitsaufgabe ab. Die notwendigen Arbeitsmerkmale für die Entstehung von intrinsischer Motivation bzw. Aufgabenorientierung können in fünf Kategorien zusammengefasst werden (vgl. Ulich u.a. 1989, S. 24ff.):

- Ganzheitlichkeit.
- Anforderungsvielfalt.
- Möglichkeiten zur sozialen Interaktion.
- Autonomie.
- Lern- und Entwicklungsmöglichkeiten.

Ganzheitliche Tätigkeiten sind durch umfassende Aufgaben definiert, die es dem Mitarbeiter erlauben, seine Arbeitsergebnisse mit den gestellten Anforderungen zu vergleichen. Er erhält dadurch unmittelbare Rückmeldungen über seinen Arbeitsfortschritt aus seiner Tätigkeit und erkennt die Bedeutung und den Stellenwert seiner Arbeit. *Anforderungsvielfalt* wird durch Aufgaben mit planenden, ausführenden und kontrollierenden Elementen bewirkt bzw.

durch unterschiedliche Anforderungen an Körperfunktionen und Sinnesorgane. *Möglichkeiten zur sozialen Interaktion* eröffnen Aufgaben, deren Ausführung Kooperation voraussetzt oder nahe legt. *Autonomie* ergibt sich bei Aufgaben mit Dispositions- und Entscheidungsmöglichkeiten. *Lern- und Entwicklungsmöglichkeiten* kennzeichnen problemhaltige Aufgaben, zu deren Bewältigung vorhandene Qualifikationen erweitert oder neue Qualifikationen erworben werden müssen.

Ähnliche Tätigkeitsmerkmale finden sich auch in anderen motivationspsychologischen Modellen. Alle Modelle gehen davon aus, dass Mitarbeiter letztlich durch ganzheitliche, anregende Arbeitsinhalte, wahrgenommene Kontrolle bzw. Autonomie und Feedback über die Arbeitsergebnisse motiviert werden können und sich dies positiv auf ihre Arbeitsleistung und Arbeitszufriedenheit auswirkt (Hacker 1998; Hackman/Oldham 1980; Herzberg u.a. 1959).

Die einzelnen Tätigkeitsmerkmale lassen sich zu einem Modell der Arbeitsmotivation zusammenfassen, das insbesondere die intrinsische Arbeitsmotivation erklärt:

Motivierend sind abwechslungsreiche, ganzheitliche und bedeutsame Aufgaben, die Mitarbeiter mit einer gewissen Autonomie ausführen können und bei denen sie Rückmeldung über die Art und Weise ihrer Aufgabenausführung und Zielerreichung erhalten. Am einfachsten ist dies, wenn Mitarbeiter aus der Aufgabenausführung unmittelbar Rückschlüsse auf die Zielerreichung ziehen können. Diese Rückmeldung kann durch Vorgesetzte und interne oder externe Kunden ergänzt werden. Es ist jedoch davon auszugehen, dass diese Aufgabenmerkmale nicht bei allen Personen in gleicher Weise motivierend wirken, auch wenn es sich gezeigt hat, dass sehr viele Personen durch sie motiviert werden können. Die Auswirkung der Aufgabenmerkmale auf die Motivation erfolgt nicht direkt, sondern wird durch Wahrnehmungs- und Bewertungsprozesse vermittelt, bei denen Eigenschaften und Einstellungen der Person eine Rolle spielen. Als bedeutsam erwies sich insbesondere deren Selbstentfaltungsmotiv, ihr Wissen und Können sowie ihre Zufriedenheit mit den Kontextbedingungen.

So ist es weniger aussichtsreich, Mitarbeiter durch Gestaltung der Arbeitsaufgaben motivieren zu wollen, die ihren Job als Mittel

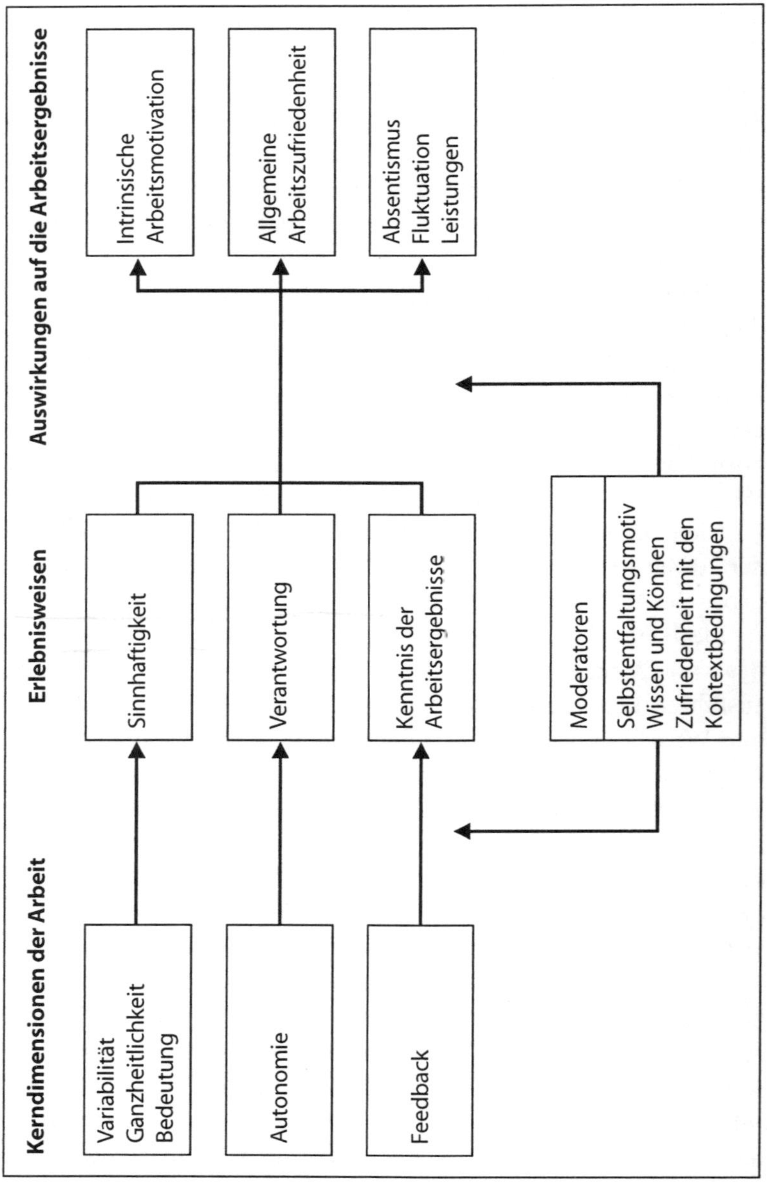

Das Arbeitsmotivationsmodell von Hackman/Oldham (1980)

betrachten, um Geld zu verdienen, als jene, die auch ihre Fähigkeiten bei der Arbeit einbringen und weiterentwickeln wollen. Allerdings überwiegt in den vorliegenden Untersuchungen die Zahl der Mitarbeiter, die ihr Interesse an Selbstentfaltungsmöglichkeiten äußern.

Neben den Motiven spielen auch das Wissen und Können der Mitarbeiter für ihre Motivation und Leistung eine Rolle. Weichen die Anforderungen der Aufgaben deutlich von dem Wissen und Können der Mitarbeiter ab, werden sie über- oder unterfordert und damit eher demotiviert als motiviert. Ferner wirkt sich dies unabhängig von der Motivation direkt negativ auf ihre Leistung aus.

Nicht zuletzt wirken sich auch günstige oder ungünstige Rahmenbedingungen positiv oder negativ auf die Motivation aus. Ist man beispielsweise mit seinem Vorgesetzten oder den Kollegen sehr unzufrieden, dürfte dies die positive Wirkung der Aufgabengestaltung zumindest beeinträchtigen.

Es lässt sich damit festhalten, dass motivierende Teamaufgaben nicht unabhängig von den Teammitgliedern gestaltet werden können. Motivation ergibt sich vielmehr aus dem Zusammenspiel von situativen Anreizbedingungen und Merkmalen der Teammitglieder wie ihren motivationalen Dispositionen und ihrem Wissen und Können. Zieht man die im Kern ähnlichen motivationspsychologischen und handlungstheoretischen Voraussetzungen motivierender und damit auch persönlichkeits- und leistungsförderlicher Arbeitsgestaltung zur Beurteilung industrieller Tätigkeiten heran, so genügen viele industrielle Aufgaben diesen Anforderungen nicht. Individuumszentrierte Arbeitsgestaltungsmaßnahmen wie Arbeitserweiterung und Arbeitsbereicherung bieten diesbezüglich nur begrenzte Verbesserungsmöglichkeiten, da mit zunehmender individueller Selbststeuerung bzw. Autonomie der erforderliche Koordinationsaufwand der Einzelaufgaben unter Umständen ins Unermessliche steigt. Darüber hinaus kann die soziale Dimension der Arbeit durch individuumszentrierte Maßnahmen kaum beeinflusst werden.

Dieses Problem kann durch die Gestaltung von Teamaufgaben gelöst werden, die mehrere Einzelaufgaben in eine Gesamtaufgabe integrieren, die dann als Ganzes motivierend wirkt. Teamarbeit bietet die Chance, interdependente Teilaufgaben zu vollständigen Gruppenaufgaben zusammenzufassen und damit ein höheres Maß an sozialer Unterstützung, Qualifizierung und Selbstregulation zu ermöglichen sowie eine größere Leistungskontinuität sicherzustellen. Auf diese Weise kann sowohl der Entfremdung von der Arbeit als auch der Entfremdung von den Kollegen entgegengewirkt und Stress vermindert werden. Dies setzt jedoch voraus, dass die systemtheoretisch und motivationspsychologisch basierten Prinzipien bei der Gestaltung von Teamaufgaben und ihrem Umfeld beachtet werden. Darüber hinaus wurde gezeigt, dass motivierende Teamaufgaben nicht unabhängig von den Teammitgliedern gestaltet werden können. Motivation ergibt sich vielmehr aus dem Zusammenspiel von situativen Anreizbedingungen und Merkmalen der Teammitglieder wie ihren motivationalen Dispositionen und ihrem Wissen und Können. Damit stellt sich auch unter motivationalen Gesichtspunkten die Frage nach der Passung von Person und Situation und damit der Auswahl und Platzierung geeigneter Personen für Teamaufgaben.

Auswahl geeigneter Teammitglieder

Welche Mitarbeiter und Führungskräfte sind für Teamarbeit geeignet? Diese Frage kann nicht pauschal beantwortet werden, will man nicht auf dem Niveau von Allgemeinplätzen verbleiben. Zu verschieden sind einerseits die Anforderungen in und von Teams und andererseits die Kompetenzen von Personen, mit denen sie diese Anforderungen bewältigen. Eine fundierte Antwort setzt voraus, dass man die Anforderungen der Teamaufgabe und die Teammitglieder kennt. Dazu muss man die Aufgaben, die zu bearbeiten sind, analysieren und überlegen, welches Verhalten und welche Eigenschaften dafür erforderlich sind. Im Unterschied zur Einzelarbeit darf dies nicht isoliert für jede einzelne Person geschehen, sondern es müssen auch das Wechselspiel zwischen den Personen, ihre fachlichen, methodischen und sozialen Fähigkeiten, Einstellungen und Eigenschaften beachtet werden. Beispielsweise sind für ein

Kreativteam einer Marketingabteilung oder für eine Projektgruppe Mitglieder mit heterogenen Eigenschaften und Verhaltensweisen wichtiger als für ein Team in der Montage, wo eher Homogenität, zumindest in fachlicher Hinsicht gefordert ist.

Gängige Schlüsselbegriffe wie Teamfähigkeit oder soziale Kompetenz versuchen bei Teamarbeit geforderte Eigenschaften zu beschreiben. Allerdings weiß zumeist niemand so recht, was darunter zu verstehen ist. Insbesondere der Begriff Teamfähigkeit hilft nicht weiter und bleibt tautologisch, solange er inhaltlich nicht gefüllt wird. Dies ist bislang jedoch nicht gelungen. Verhaltensnähere und spezifischere Beschreibungen von Anforderungen sind für die praktische Arbeit in der Regel hilfreicher und zur Konkretisierung von abstrakten Begriffen wie sozialer Kompetenz unerlässlich.

Welche konkreten fachlichen, methodischen und sozialen Anforderungen sich für eine bestimmte Teamaufgabe stellen, lässt sich durch Arbeitsanalysen ermitteln. Sei es durch Auswertung vorhandener Arbeitsbeschreibungen und Verfahrensstandards, durch Beobachtungen vor Ort oder Befragungen von Teammitgliedern oder Vorgesetzten, falls die Aufgabe in dieser oder ähnlicher Form schon irgendwo existiert und ausgeführt wird. Auf diese Weise lassen sich auch Bewertungskriterien für eine erfolgreiche Aufgabenausführung ermitteln und Selektionsverfahren auswählen oder konstruieren (vgl. Schuler 1998).

Als Grundlage für Auswahlentscheidungen können bei externen Bewerbern deren biografische Angaben zu einschlägigen Berufserfahrungen und entsprechende Zeugnisse sowie bei internen Bewerbern zusätzlich vorhandene Beurteilungen genutzt werden. Am häufigsten werden sicherlich Interviews mit den Bewerbern durchgeführt, die durch Arbeitsproben und Testverfahren ergänzt und in ein Assessmentcenter eingebunden werden können. Im Assessmentcenter werden unterschiedliche Verfahren, insbesondere mit Arbeitsproben und der Simulation beruflicher Anforderungssituationen kombiniert und eine Gruppe von Bewerbern durch mehrere eigens geschulte Beurteiler eingeschätzt. Als Beurteiler werden meist Führungskräfte des Unternehmens herangezogen, die durch ein oder zwei Psychologen unterstützt werden (Fisseni/Fennekels 1995).

Ein Assessmentcenter empfiehlt sich insbesondere, wenn eine Beurteilung der geforderten Qualifikationen anhand der vorliegenden Daten und Erfahrungen nicht möglich ist, beispielsweise wenn jemand noch nicht als Führungskraft oder nicht als Teammitglied gearbeitet hat und sein Potenzial in dieser Hinsicht beurteilt werden soll. Das Assessmencenter bietet in diesem Fall die Chance zu Arbeitsproben im Rahmen von Rollenspielen bzw. Simulationen im Kontext einer Gruppensituation. Auf Grund des relativ hohen Aufwands sollte allerdings eine wiederholte Anwendung des Verfahrens an einer größeren Gruppe von Bewerbern möglich sein, um die Kosten in vertretbaren Grenzen zu halten.

Beispielsweise werden in einem großen Unternehmen seit vielen Jahren alle Teamleiter erfolgreich mit Hilfe eines Assessmentcenters ausgewählt, in dem neben fachlichen Fähigkeiten vor allem die Fähigkeit zur systematischen Problemlösung und zur konstruktiven Zusammenarbeit in einem Team getestet wird. Um das Verhalten im Team einschätzen zu können, müssen die Bewerber beispielsweise vorgegebene Aufgaben, die den späteren Teamaufgaben ähneln, in einem Team bearbeiten.

Kritisch anzumerken bleibt freilich, dass selbst durch praxisnahe Übungen nur die prinzipielle Fähigkeit zur konstruktiven Zusammenarbeit getestet werden kann. Ob sich jemand in der künftigen beruflichen Situation auch so verhält, ist von weiteren Faktoren, insbesondere seinen persönlichen Werten und Zielen und von den Anreiz- und Verstärkungsbedingungen in seinem konkreten Umfeld abhängig. Werden von Vorgesetzten beispielsweise primär individuelle Leistungen gewürdigt und bei Beförderungen berücksichtigt, werden sich Mitarbeiter vermutlich gegenseitig weniger unterstützen, als wenn auch Leistungen in und von Teams beachtet werden. Es ist daher sinnvoll, Auswahlverfahren mit Personal- und Organisationsentwicklungsmaßnahmen und mit Belohnungssystemen abzustimmen, um gewünschte Verhaltensweisen auch tatsächlich im Betrieb zu realisieren.

Personalentwicklungsmaßnahmen zur Unterstützung der Teamarbeit spielen in der Praxis häufig eine größere Rolle als Auswahlverfahren, da meist mit den vorhandenen Mitarbeitern Teamarbeit realisiert werden muss. Werden beispielsweise ganze Produktionsbereiche auf Gruppenarbeit umgestellt, ergibt sich in der Regel die Frage der Personalauswahl nicht, da alle Mitarbeiter betroffen sind und ihren Arbeitsplatz im Team finden sollen. Bei Pilotgruppen oder wenn Team- und Einzelaufgaben alternativ angeboten werden können, kann durch ein Bewerbungsverfahren bereits eine Selbstselektion der Beschäftigten nach Interessen genutzt werden. In diesen Situationen können Assessmentcenter statt zur Auswahl von Teamleitern beispielsweise zur Diagnose von Personalentwicklungsbedarf genutzt werden, um gezielte Fördermaßnahmen einzuleiten.

Entwicklung und Qualifizierung der Teammitglieder

Personalentwicklungsmaßnahmen kommen bei der Einführung von Teamarbeit eine zentrale Rolle zu. Strukturelle Maßnahmen wie die Einrichtung von Projektgruppen oder selbstregulierenden Arbeitsgruppen drohen ins Leere zu laufen, wenn sie nicht mit Qualifizierungsmaßnahmen verzahnt werden. Am offensichtlichsten ist dies bei fachlichen Qualifikationen, wenn die Übernahme neuer Aufgaben erwartet wird, die Mitarbeiter aber noch nicht qualifiziert sind. Für eine effektive Teamarbeit sind aber auch methodische Kompetenzen, wie zum Beispiel Projektmanagement, Problemlösungs- oder Moderationstechniken vom Teamleiter gefordert oder soziale Kompetenzen, wie die Steuerung von Gruppenprozessen und die Lösung von Konflikten. Der Erfolg eines Teams hängt ferner nicht nur von den Teammitgliedern und dem Teamleiter, sondern auch von Führungs- und Dienstleistungsfunktionen und damit von Führungs- und Fachkräften im Umfeld ab. Personalentwicklungsmaßnahmen müssen auch diese Zielgruppen im Auge haben. Sie müssen sich jedoch nicht auf gezielte Schulungsmaßnahmen etwa im Rahmen von Seminaren oder auf die Unterweisung am Arbeitsplatz beschränken. Bereits bei der Arbeitsgestaltung sollten Personalentwicklungsaspekte berücksichtigt werden, um ein selbstgesteuertes Lernen bei der Arbeitsausführung im Sinne einer qualifizierenden Arbeitsgestaltung zu fördern. Beispielsweise fördern individuelle Leistungsrückmeldungen, die mit

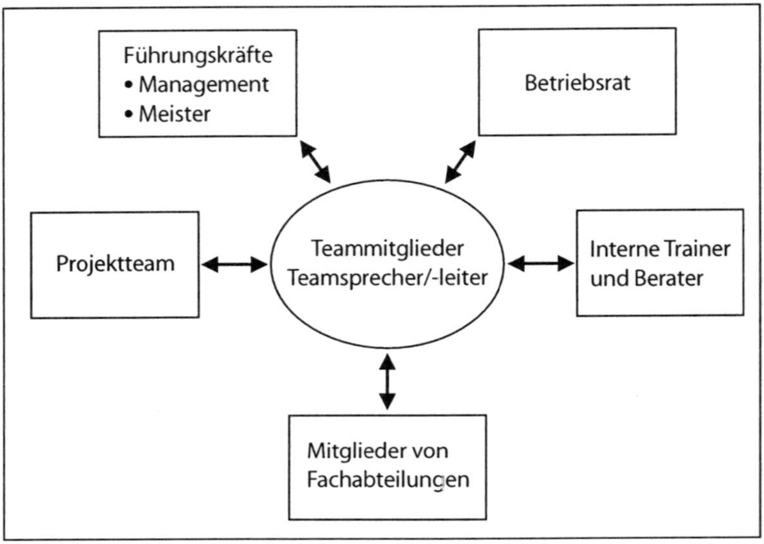

Zielgruppen für Personalentwicklungsmaßnahmen

selbst entwickelten oder vorgegebenen Standards verglichen werden, individuelle Lernprozesse. Analog können Lernprozesse auf Gruppenebene durch den Vergleich von gruppenbezogenen Leistungsrückmeldungen und gruppenbezogenen Standards angeregt werden. Diese Vergleichsprozesse erfordern in einem Team aber Kommunikation sowie Zeit und Raum, um zu kommunizieren. Eine qualifizierende Arbeitsgestaltung sollte jedoch nicht mit einem »Ins-Wasser-Werfen« verwechselt werden, bei dem sich die Betroffenen nach dem Motto »schwimm oder stirb« dann irgendwie durchkämpfen müssen. Qualifizierende Arbeitsgestaltung und Qualifizierungsmaßnahmen sind vielmehr aufeinander abzustimmen. Dies gilt nicht nur für die Übertragung neuer Aufgaben, sondern auch für neue Positionen. Die Aussicht auf neue Positionen und die damit verbundene Eröffnung von Karrierewegen in Abhängigkeit von bestimmten Leistungsergebnissen und Verhaltensweisen ist ein weiterer wichtiger Hebel zur Steuerung von Lernprozessen, die sich nachhaltig auf die Zusammenarbeit in einem Team auswirken können.

Was an Qualifizierungsmaßnahmen erforderlich ist, ergibt sich aus dem Vergleich der Arbeitsanforderungen und den vorhandenen Kompetenzen. Für eine anforderungsspezifische Qualifizierung sind analog zur Personalauswahl zunächst eine Anforderungsanalyse und Kompetenzdiagnose notwendig, um auf dieser Grundlage spezifische Schulungsprogramme entwickeln zu können. In der Praxis geschieht dies am ehesten noch in Bezug auf fachliche Anforderungen oder im Rahmen der Führungsnachwuchsentwicklung unter anderem mit Hilfe von Potenzial-Assessmentcentern.

Die Vorteile anforderungsspezifischer Qualifizierung liegen auf der Hand: Überflüssige Qualifizierung wird vermieden und damit Kosten und gegebenenfalls Demotivation durch Schulungen, die als unpassend empfunden werden. Allerdings verursacht bereits die Analyse Kosten und Aufwand und wird daher bisweilen gescheut. Dies ist dann gerechtfertigt, wenn begründet vermutet werden kann, dass die komplette Zielgruppe mangels entsprechender Aufgaben noch keine einschlägigen Kompetenzen besitzt, zum Beispiel wenn Teamarbeit neu eingeführt wird oder die Teilnehmer sich durch ihre unterschiedlichen Vorerfahrungen gegenseitig befruchten. Anforderungsspezifische Schulungsmaßnahmen, wie zum Beispiel ein Coaching einzelner Vorgesetzter, können auch zur Stigmatisierung führen, wenn sie zum Beispiel als letzter Versuch vor der Entlassung der Betreffenden eingesetzt werden.

Bei der Entwicklung eines Schulungskonzeptes müssen solche Effekte beachtet und durch Art und Inhalt des Schulungsangebots vermieden bzw. umgekehrt gezielt als Entwicklungsanreize genutzt werden.

Fachliche Qualifizierung

In Bezug auf die erforderlichen fachlichen Qualifikationen kann eine Anforderungsanalyse am einfachsten durch das Team selbst durchgeführt werden. In einer Qualifikationsmatrix werden die in einer Gruppe anfallenden Arbeitstätigkeiten und die vorhandenen Kompetenzen der Teammitglieder erfasst sowie die für ein optimales Arbeiten erforderliche (Soll) und zurzeit realisierte (Ist) Anzahl von qualifizierten Teammitgliedern pro Tätigkeit (vgl. folgende Übersicht). Daraus lassen sich einfach und anschaulich die erforderlichen Qualifizierungsmaßnahmen ableiten.

Beispiel einer Qualifikationsmatrix für Versandtätigkeiten								
Tätigkeiten/Personen	**Muster**	**Maier**	**Schmitt**	**Wagner**	**Muller**	**Beck**	Ist	Soll
Bedienen Flurfördertechnik	X		X				2	3
Kommissionieren	X	X					2	2
Ver- u. Entladen	X			X	X		3	4
Administration	X					X	2	2
Personelle Flexibilität	4	1	1	1	1	1		

Eine solche Qualifikationsmatrix kann, falls erforderlich, weiter differenziert werden, beispielsweise indem Teiltätigkeiten oder unterschiedliche Fertigkeitsstufen aufgenommen werden, um geforderte und vorhandene Qualifikationen für die Qualifizierungs- und Personaleinsatzplanung feiner unterscheiden zu können oder um persönliche Qualifizierungswünsche und -ziele aufzunehmen. Dabei sollte jedoch beachtet werden, dass diese Matrix keinen Selbstzweck verfolgt, sondern ein Hilfsmittel für die Qualifizierungs- und Personaleinsatzplanung darstellt. Diese Funktion erfüllt sie nur, wenn sie vom Team selbst kontinuierlich gepflegt und genutzt wird. Daher sollte sich der dazu notwendige Aufwand in engen Grenzen halten. Ferner sollte sie leicht zugänglich und auf den ersten Blick verständlich sein. Die Erfahrung zeigt, dass aufwändige Verfahren im betrieblichen Alltag nicht nachgehalten werden und dann schnell zu historischen Zeugnissen verkommen.

Es empfiehlt sich, Schulungsmaßnahmen möglichst arbeitsplatznah und durch erfahrene Kollegen oder betriebliche Fachkräfte durchführen zu lassen. Auf diese Weise erfolgt die Schulung praxisgerecht und das Gelernte kann ohne große Transferprobleme umgesetzt werden. Darüber hinaus werden die Kontakte zwischen den Beteiligten verstärkt und ein Netzwerk geknüpft, was sich positiv auf die tägliche Zusammenarbeit und die Unterstützung bei Problemen auswirkt. Bei diesem Vorgehen ist allerdings darauf zu achten, dass die internen Trainer didaktisch geschult sind. Das bedeutet: Sie müssen eine Qualifizierungsmaßnahme vorbereiten und durchführen können. Ferner empfiehlt es sich, auch arbeitsbegleitende Schulungsmaßnahmen konkret zu planen (Schulungs-Ziele, Inhalte, Teilnehmer, Zeiten, Methoden und Trainer) und deren Umsetzung zu kontrollieren, um sicherzustellen, dass die Schulungsmaßnahmen tatsächlich realisiert werden. Zu oft stellt man fest, dass Schulungen aus dringenden Gründen immer wieder verschoben werden, bis sie schließlich in Vergessenheit geraten. Dies gilt insbesondere für Qualifizierungsmaßnahmen, die zumindest aus technischer Perspektive, nicht auf den ersten Blick die Produktivität eines Teams behindern.

Methodische und soziale Qualifizierung

Zu den Qualifizierungsmaßnahmen, die gerne in den Hintergrund gedrängt werden, gehören Schulungen zur Stärkung der methodischen und vor allem sozialen Kompetenz zur Arbeit in und mit Teams. Dies liegt häufig daran, dass man sich darunter wenig vorstellen kann und glaubt, dass man das schon ohne Schulung irgendwie hinkriegt. Sicherlich gibt es auch Beispiele für erfolgreiche Teams, die keinerlei gezielte Schulung erhalten haben, aber nicht immer sind die Konstellationen in Team und Umfeld so günstig, dass Schulungsmaßnahmen Reibungsverluste nicht reduzieren und die Erfolgswahrscheinlichkeit nicht erhöhen könnten. Analog zu fachlichen Schulungen sollten methodische und soziale Schulungsmaßnahmen anforderungsspezifisch für die verschiedenen Zielgruppen entwickelt werden. Allerdings gibt es auch eine Reihe von

Punkten, die unabhängig von der Ausprägungsform von Teamarbeit und der Zielgruppe zunächst zu klären sind. So geht es bei allen Beteiligten zunächst darum:

- ein gemeinsames Verständnis von Teamarbeit zu erarbeiten;
- die Chancen und Risiken von Gruppenarbeit zu diskutieren;
- die eigene Rolle und die eigenen Aufgaben im Rahmen von Teamarbeit zu erarbeiten;
- die Veränderungen zu verdeutlichen, die sich durch die Einführung von Teamarbeit für alle direkt und indirekt Beteiligten ergeben.

Neben diesen Wissensaspekten sollten in einem methodischen und sozialen Training auch Techniken und Verhaltensweisen trainiert und reflektiert werden. Zu diesem Zweck gilt es für die unterschiedlichen neuen Verhaltensanforderungen, die aus den verschiedenen Aufgaben und Rollen der Beteiligten resultieren, Szenarien zu entwickeln. Diese sollen den Beteiligten in einem Training ermöglichen insbesondere neue Verhaltensweisen und Techniken, beispielsweise in Rollenspielen oder simulierten Teamsitzungen, auszuprobieren, zu reflektieren und zu trainieren.
Für die unterschiedlichen Rollen lassen sich dann einzelne Trainingsmodule entwickeln und zu Trainingsprogrammen kombinieren. Beispiele dafür finden Sie auf den Seiten 119ff. Um den Transfer der Schulungsinhalte in das betriebliche Verhalten zu unterstützen, empfiehlt es sich, die einzelnen Schulungen begleitend zu der Einführung von Teamarbeit durchzuführen und die Teilnehmer zwischen den Trainingsmodulen konkrete Erfahrungen sammeln zu lassen, die sie in das nächste Training einbringen können. Besonders effektiv ist es, wenn Schulungen in Seminarform durch bedarfsorientiertes Einzel- oder Gruppencoaching vor Ort und/oder mit Treffen der Beteiligten zum Erfahrungsaustausch ergänzt werden.

Den Wandel gestalten

In diesem Einstiegsseminar geht es vor allem darum, die Erwartungen an Gruppenarbeit bzw. die bereits gesammelten Erfahrungen auszutauschen und die Folgen für die eigenen Aufgaben, Rollen und Entwicklungsperspektiven zu klären.

Zielsetzung ist es daher:
- Ausgangserwartungen mit bisherigen Erfahrungen abzugleichen,
- Wünsche und Befürchtungen zur Sprache zu bringen,
- Rahmenbedingungen der Gruppenarbeit zu diskutieren,
- Rolle und Aufgaben des Gruppensprechers und Meisters zu klären,
- Erwartungen an Mitarbeiter zu formulieren,
- notwendige Unterstützungsmaßnahmen zu definieren,
- Anstöße für konkrete Maßnahmen zu geben.

Seminarinhalte sind u.a.:
- Erfahrungen mit Gruppenarbeit.
- Erwartungen und Ziele.
- Aufgaben der Führungskraft heute und morgen.
- Rollen von Führungskräften und Mitarbeitern.
- Veränderungsprojekte zu planen.
- Zukunftsszenarien entwerfen.

Methodisches Vorgehen:
Das Seminar hat primär Workshop-Charakter und setzt neben Moderationsmethoden auch Szenariotechniken ein.

Gruppenarbeitstechniken

In diesem Seminar geht es vor allem darum, aufbauend auf einem gemeinsamen Verständnis von Gruppenarbeit, grundlegende Techniken und Verhaltensweisen für eine wirkungsvolle Gruppenarbeit einzuüben.

Zielsetzung: Die Teilnehmer können
- Gruppensitzungen vorbereiten und zielorientiert durchführen,
- Gruppenprozesse erkennen und angemessen reagieren,
- Moderationstechniken situationsgerecht auswählen und anwenden,
- grundlegende Techniken zur Problemlösung einsetzen,
- Ergebnisse wirkungsvoll präsentieren.

Seminarinhalte sind u.a.:
- Gruppensitzungen vorbereiten und durchführen.
- Rückmeldungen geben und erhalten.
- Gruppendynamik erleben.
- Vor- und Nachteile unterschiedlicher Moderationstechniken kennen.
- Problemlösetechniken anwenden.

Methodisches Vorgehen:
Im Seminar wechseln sich Diskussionen, Kleingruppenarbeit, kurze Inputs und Rollenspiele mit Beispielen aus der betrieblichen Praxis ab.

Zielorientierte Führung von Gruppen

In diesem Seminar geht es darum, verschiedene Formen der Zielsetzung und Möglichkeiten des Maßnahmencontrollings kennenzulernen und die zielorientierte Führung von Gruppen zu erlernen.

Zielsetzung: Die Teilnehmer können

- die Bedeutung von Zielen für eine effektive Gruppenarbeit erkennen,
- Ziele wirkungsvoll formulieren,
- ein Zielsystem für die eigene Arbeit und für die Gruppen entwickeln,
- Zielvereinbarungsgespräche führen,
- Feedbackinstrumente entwickeln,
- konstruktive Rückmeldungen und Hilfestellungen geben,
- ein effektives Maßnahmencontrolling durchführen.

Seminarinhalte sind u.a.:

- Verschiedene Formen der Zielsetzung bzw. Zielvereinbarung.
- Zielbilanz: »Was sind unsere Ziele?« »Wo stehen wir aktuell?«.
- Das Gespräch als Voraussetzung für ein effektives Zielmanagement.
- Ergebnis- und Prozessrückmeldungen.
- Möglichkeiten des Maßnahmencontrollings.
- Feedbackinstrumente innerhalb von Gruppen.
- Hürden auf dem Weg zur Zielerreichung und Möglichkeiten zur Überwindung.

Methodisches Vorgehen:

Im Seminar wechseln sich Diskussionen, Kleingruppenarbeit, kurze Inputs und Rollenspiele mit Beispielen aus der betrieblichen Praxis ab.

Konstruktiver Umgang mit Konflikten

Durch die höhere Selbststeuerung und Eigenverantwortung der Gruppen, werden an Führungskräfte in höherem Maß als bisher Anforderungen in den Bereichen Kommunikation sowie im Umgang mit Kritik und Konflikten gestellt. Als wesentlicher Faktor für eine langfristig erfolgreiche Gruppenarbeit soll der konstruktive Umgang mit auftretenden Konflikten erlernt werden.

Zielsetzung: Die Teilnehmer können

- die positiven Aspekte von Konflikten und die Chancen einer frühzeitigen Intervention erkennen,
- Konfliktsignale frühzeitig wahrnehmen, schnell und angemessen reagieren,
- Konflikte analysieren und Lösungsstrategien erarbeiten und anwenden,
- bestimmte Grundkonflikte erkennen und angemessene Handlungsstrategien auswählen und anwenden.

Seminarinhalte sind u.a.:

- Grundlagen der Gesprächsführung: Wie finde ich einen konstruktiven Einstieg zur Konfliktlösung / Wie spreche ich Konflikte an, ohne dass sie eskalieren?
- Konstruktiven Umgang mit Kritik üben,
- Eigenes Konfliktverhalten erkennen und reflektieren,
- Positive und negative Seiten von Konflikten reflektieren,
- Was passiert, wenn Konflikte nicht angesprochen werden (Langzeitfolgen)?
- Umgang mit Widerstand.
- Konfliktarten und Handlungsstrategien.
- Konzepte zur Konfliktlösung.
- Bearbeitung von konkreten Konfliktsituationen aus dem betrieblichen Alltag.

Methodisches Vorgehen:
Input, Diskussionen, Kleingruppenarbeit, Rollenspiele mit Feedback. Der Schwerpunkt liegt auf der praktischen Erarbeitung von Handlungsstrategien anhand konkreter Beispiele aus der Praxis der Teilnehmer.

Qualitätsmanagement und kontinuierlicher Verbesserungsprozess

Das Bessere ist der Feind des Guten. In diesem Seminar geht es daher darum zu klären, wie das erreichte Niveau der Gruppenarbeit, der betrieblichen Abläufe und Arbeitsbedingungen kontinuierlich verbessert werden kann.

Zielsetzung: Die Teilnehmer können

- Verschwendungen in Abläufen und Strukturen identifizieren und beseitigen,
- Kunden-Lieferanten-Beziehungen erkennen, klären und optimieren,
- Ergebnis- und Prozessaudits durchführen.

Seminarinhalte sind u.a.:

- Techniken zur Identifizierung von Verschwendungen.
- Problemlösetechniken.
- Kreativitätstechniken.
- Möglichkeiten der Einbeziehung von Mitarbeitern.
- Ansätze zur Steigerung der Eigenverantwortung.

Methodisches Vorgehen:

Input, Diskussionen, Kleingruppenarbeit, Rollenspiele mit Feedback. Der Schwerpunkt liegt auf der praktischen Erarbeitung von Handlungsstrategien anhand konkreter Beispiele aus der Praxis der Teilnehmer.

Im Folgenden sollen beispielhaft die in einem Unternehmen im Zuge der Einführung von selbstregulierenden Arbeitsgruppen durchgeführten Schulungsmaßnahmen dargestellt werden.

Beispiel eines Qualifizierungsprogramms bei der Einführung von Gruppenarbeit

In einem Unternehmen der Autozulieferindustrie wurden folgende nicht fachlichen Qualifizierungsmaßnahmen im Zuge der Einführung selbstregulierender Arbeitsgruppen durchgeführt.

- Kickoff-Workshop und Prozessberatung des Projektteams.
- Workshops für Führungskräfte und Betriebsräte.
- Teamtraining.
- Schulung der Gruppensprecher.
- Führungskräftetraining.
- Coaching der Gruppen, Gruppensprecher und Meister.
- Train-the-Trainer-Seminar.

Kickoff-Workshop und Prozessberatung des Projektteams
Zielsetzung des eintägigen *Kickoff-Workshops* war es, den Projektrahmen für die Einführung der Gruppenarbeit zu definieren und daraus die Ziele und Aufgaben der Projektgruppe abzuleiten, die Rollen der Teilnehmer zu klären sowie die weitere Vorgehensweise zu vereinbaren. Das Projektteam setzte sich zusammen aus dem Produktionsleiter, einem Vertreter des Betriebsrats, Vertretern der Führungskräfte und der Mitarbeiter der betroffenen Bereiche sowie dem externen Berater. Ziel der folgenden *Prozessberatung* des Projektteams war es, das Projektteam bei der Erarbeitung eines unternehmensspezifischen Gruppenarbeits-Konzeptes und bei der Steuerung des Einführungsprozesses zu unterstützen und prozessbegleitend zu qualifizieren. Zur Durchführung der Prozessberatung nahm der externe Berater an den Sitzungen des Projektteams teil.

Workshops für Führungskräfte und Betriebsräte

Generelle Zielsetzung dieses Workshops war es:

- Ein gemeinsames Verständnis von Gruppenarbeit zu erzielen.
- Die Chancen und Risiken der Gruppenarbeit zu diskutieren.
- Die eigene Rolle und eigenen Aufgaben im Rahmen von Gruppenarbeit zu erarbeiten.
- Die Veränderung der Rollen von Gruppenmitgliedern, Gruppensprechern, Führungskräften und Indirekten durch die Einführung von Gruppenarbeit zu erörtern.
- Konkrete Schritte für das weitere Vorgehen zu vereinbaren.

Die Führungskräfte des Werkes (Produktions- und indirekte Bereiche), die Betriebsräte und Mitarbeiter indirekter Bereiche (zum Beispiel Arbeitsvorbereiter, Fertigungssteuerer) erarbeiteten sich jeweils in einem eintägigen Workshop die oben genannten Ziele. Hierzu wurden Moderationsmethoden benutzt. Neben der Arbeit in Kleingruppen und im Plenum wurden kurze Informationsinputs zum Gruppenarbeitskonzept und zum Stand der Überlegungen im Unternehmen gegeben. Die inhaltliche Arbeit in den Kleingruppen wurde ferner im Hinblick auf die damit gesammelte Erfahrung mit Teamarbeit reflektiert. Am Ende der Workshops wurden die Ergebnisse mit Vertretern des Projektteams diskutiert, um deren Sichtweise kennen zu lernen und offene Fragen zu klären. Die Workshops endeten mit Vereinbarungen zum weiteren Vorgehen.

Teamtraining

Generelle Zielsetzung der Teamtrainings war es:

- Ein gemeinsames Verständnis von Gruppenarbeit zu erzielen.
- Vor- und Nachteile der Gruppenarbeit zu erleben und zu diskutieren.
- Erfahrungen zu vermitteln für typische Gruppenprozesse.
- Spielregeln für erfolgreiche Gruppenarbeit kennen zu lernen.
- Die eigene Rolle und die Veränderung der Aufgaben bei der Einführung von Gruppenarbeit zu diskutieren.
- Das soziale Zusammenwachsen der Gruppe zu fördern.
- Das weitere Vorgehen, insbesondere konkrete Maßnahmen zum Start der Gruppenarbeit zu vereinbaren.

Mit jeder Gruppe wurde ein zweitägiges Teamtraining durchgeführt. In den Teamtrainings standen die konkreten Veränderungen im Vordergrund, die sich für die Mitarbeiter bei der Einführung von Gruppenarbeit ergeben. Hierzu wurden Übungen durchgeführt, um Vor- und Nachteile der Gruppenarbeit sowie Spielregeln für erfolgreiche Teamarbeit plastisch erfahrbar zu machen. Ferner wurden Gruppensitzungen mit typischen Themen durchgespielt, wie zum Beispiel die Qualifizierungs- oder die Personaleinsatzplanung oder die Arbeitseinteilung. Diese Übungen wurden ergänzt durch die Arbeit in Kleingruppen und im Plenum zu Vor- und Nachteilen der Gruppenarbeit, zu Veränderungen der Aufgaben der Mitarbeiter, Gruppensprecher, Einrichter und Meister. Hierzu wurden kurze Informationsinputs zum Gruppenarbeitskonzept und zum Stand der Überlegungen im Unternehmen gegeben. Die inhaltliche Arbeit im Plenum und in den Kleingruppen wurde ferner im Hinblick auf die Erfahrung von Teamarbeit reflektiert. Am Ende des Trainings wurden die Ergebnisse mit Vertretern des Managements bzw. den unmittelbaren Vorgesetzten diskutiert, um deren Sichtweise kennen zu lernen und offene Fragen zu klären. Die Teamtrainings endeten mit konkreten Vereinbarungen zum weiteren Vorgehen und der Planung des ersten Gruppengesprächs.

Schulung der Gruppensprecher

Zielsetzung der Schulung der Gruppensprecher und ihrer Stellvertreter war es, sie auf ihre Rolle vorzubereiten. Die Gruppensprecher sollen Gruppen steuern, zum Beispiel bezüglich Arbeitseinteilung, Urlaubsplanung, und Gruppensitzungen moderieren können. Sie sollen mit auftauchenden Konflikten umgehen und elementare Problemlösungstechniken beherrschen, um Themen in den Gruppen zielorientiert bearbeiten zu können. Gruppensprecher und Stellvertreter wurden zunächst in einem jeweils zweitägigen Basis- und Aufbautraining geschult. Das Basistraining wurde in kleinen Gruppen durchgeführt, um praktische Übungsmöglichkeiten für jeden Teilnehmer im Rahmen von Rollenspielen und simulierten Gruppensitzungen zu ermöglichen. In Kleingruppen und im Plenum wurden die Aufgaben von Gruppensprechern und von anderen betrieblichen Vorgesetzten erarbeitet. Ferner wurden die ersten konkreten Schritte für die Aufnahme der Gruppenarbeit geplant, die sie in ihrer Funktion als Gruppensprecher ausführen mussten. Das Aufbautraining fand im Abstand von einem halben Jahr statt und knüpfte an die bis dahin gesammelten Erfahrungen der Gruppensprecher an, vertiefte die Inhalte des Basistrainings.

Führungskräftetraining
Zielsetzung der Führungskräftetrainings war es, die unmittelbaren Führungskräfte der Gruppen, d.h. die Meister, auf die Führung selbstregulierender Gruppen vorzubereiten. Die Meister nahmen dazu auch an den Gruppensprechertrainings teil, um grundlegende Moderationstechniken und den Umgang mit Teams zu üben sowie zusammen mit den Gruppensprechern ihre wechselseitigen Rollen zu klären. Darauf aufbauend wurden jeweils im Abstand von ca. einem halben Jahr zweitägige Seminare zur zielorientierten Führung teilautonomer Arbeitsgruppen und zum konstruktiven Umgang mit Konflikten in und zwischen Teams durchgeführt. Anhand von Fallbeispielen und Rollenspielen wurden konkrete Zielvereinbarungen mit Gruppen und der Umgang mit Konflikten trainiert.

Coaching der Gruppen, Gruppensprecher und Meister
Durch das Coaching der Gruppen, Gruppensprecher und Meister sollten diese während der konkreten Einführung der Gruppenarbeit Unterstützung bei der Lösung auftretender Probleme bekommen können. Zu diesem Zweck wurden die ersten zwei oder drei Sitzungen gemeinsam mit den Gruppensprechern vorbereitet, moderiert und nachbereitet. Dabei trat der Coach sukzessive in den Hintergrund. Daran schloss sich ein Coaching im Rahmen eines Erfahrungsaustausches von Gruppensprechern bzw. Meistern an, die sich trafen, um zusammen mit dem Coach Erfahrungen mit der Einführung von Gruppenarbeit zu besprechen, Probleme zu diskutieren und Lösungsansätze zu entwickeln.

Train-the-Trainer-Seminar
Zielsetzung des Seminars war es, ausgewählte Führungskräfte, die sich bei der Führung und dem Coaching ihrer Gruppen ausgezeichnet hatten und denen ein Potenzial als Trainer zugetraut wur-

de, auf die Durchführung von Team- und Gruppensprecherschulungen vorzubereiten. Es handelte sich dabei um eine Gruppe von Meistern, die bereits alle anderen Schulungen durchlaufen und mehrjährige Erfahrungen mit der Betreuung von Gruppen hatten. Für sie wurde zunächst ein eintägiges Train-the-Trainer-Seminar angeboten. In dem Seminar wurden Planung und Durchführung von Teamtrainings konkret durchgespielt. Die Meister übernahmen im nächsten Schritt dann zunächst die Rolle von Kotrainern bei Teamtrainings und Gruppensprechertrainings. Mit zunehmender Erfahrung trat der externe Trainer bzw. Mitarbeiter der Personalentwicklung in den Hintergrund, bis die Meister die Schulungen selbstständig durchführen konnten.

Es zeigte sich, dass die Meister eine höhere Akzeptanz in der Mannschaft und bei ihren Kollegen fanden als die externen Berater oder die internen Trainer der Personalentwicklung. Ferner erwies sich diese interne Trainerfunktion als enormer Ansporn für die Meister. Obwohl alle zu den Leistungsträgern im betrieblichen Alltag gehörten, empfanden sie diese Zusatzbelastung nicht lästig, sondern als wohl tuende Abwechslung zur Alltagshektik. Ferner zeigten sie den Ehrgeiz, die von ihnen betreuten Gruppen weiterzuentwickeln und ihre Kollegen auch vor Ort zu unterstützen.

Diese Personalentwicklungsmaßnahmen waren wichtige Voraussetzungen, damit die Gruppen im betrieblichen Alltag ihre neuen Aufgaben im Rahmen ihrer Selbstregulation übernehmen und dabei von ihren Vorgesetzten effektiv unterstützt werden konnten. Sie halfen zugleich, unnötige Reibungsverluste in und zwischen den Gruppen und ihrem Umfeld zu vermeiden, und förderten die Entstehung von Synergieeffekten in den Teams.

Förderung von Synergieeffekten

Alle bislang dargestellten Maßnahmen haben Auswirkungen auf die unmittelbare Zusammenarbeit der Gruppe und können damit auch zur Entstehung von Synergieeffekten bzw. zur Vermeidung von Reibungs- oder Prozessverlusten beitragen. Synergieeffekte schaffen neue interne Ressourcen im Sinne der Aussage »das Ganze ist mehr als die Summe seiner Teile« und verbessern die Leistungsfähigkeit eines Teams, während Prozessverluste diese schmälern. Je nach Art der Aufgabe kann sich der Leistungsvorteil eines Teams auf diese Weise sogar in einen Leistungsnachteil im Vergleich zur Einzelarbeit verwandeln. In diesem Abschnitt sollen daher folgende Fragen beantwortet werden:

- ❖ Welche typischen Prozessverluste können bei Teamarbeit auftreten?
- ❖ Wie können sie minimiert und Synergieeffekte gefördert werden?
- ❖ Typische Prozessverluste in der Zusammenarbeit treten auf:
  - in der Anfangsphase bei der Teamfindung oder bei ungeklärten latenten Problemen,
  - wenn sich Einzelne in der späteren Zusammenarbeit nicht in die Gruppe einbringen,
  - wenn wichtige Ideen und Meinungen im Team nicht zur Geltung kommen.

Diese Prozessverluste können motivational bedingt sein, etwa wenn einzelne Teammitglieder keinen Beitrag leisten wollen oder negative Konsequenzen befürchten. Ferner können sie durch Koordinierungsprobleme verursacht sein, etwa weil innerhalb der gegebenen Zeit nicht jeder zu Wort kommen kann.

Prozessverluste bei der Teamfindung

In der Anfangsphase treten Prozessverluste bei der Teamarbeit auf, da sich ein Team zunächst erst einmal finden und entwickeln muss, bevor es leistungsfähig wird. Wenn ein Team neu formiert wird, durchläuft es typische Entwicklungsphasen (Tuckman 1965):

- ❖ Schnupperphase (forming).
- ❖ Konfliktphase (storming).
- ❖ Organisationsphase (norming).
- ❖ Leistungsphase (performing).

In der Schnupperphase versuchen die Teammitglieder, die für sie neue Situation zu erkunden und zu klären, was auf sie zukommt, mit wem sie es zu tun haben, was von ihnen erwartet wird, wer welche Rolle spielt, nach welchen Spielregeln gehandelt wird.

In der Konfliktphase treten Interessensgegensätze hervor, Meinungen prallen aufeinander, Machtkämpfe werden ausgetragen und Koalitionen werden gesucht, um die angestrebte eigene Position innerhalb der Gruppe zu finden. Gelingt es nicht, diese Konflikte konstruktiv zu lösen, kann sich kein Team im eigentlichen Sinn bilden bzw. ein bestehendes Team kann auseinander fallen, sei es, dass es sich ganz oder teilweise auflöst oder dass es auf Grund ungelöster Konflikte erstarrt.

Im positiven Fall mündet die Konfliktlösung in die Organisationsphase, in der die gemeinsamen Spielregeln vereinbart, die Rollen und Aufgaben der einzelnen Teammitglieder geklärt und akzeptiert werden.

Auf dieser Grundlage ist das Team nun arbeitsfähig und tritt in die Leistungsphase. Es kann sich voll den übertragenen Aufgaben zuwenden und es geht nun darum, diese Leistungsfähigkeit des Teams zu erhalten und weiterzuentwickeln.

Diese Phasen beschreiben unterschiedliche Themen, mit denen sich die Teammitglieder beschäftigen, auch wenn sie nicht auf der Tagesordnung stehen. Durch bestimmte Ereignisse, wie zum Beispiel die Veränderung der Mitgliederstruktur, der Aufgaben oder der Rahmenbedingungen können Themen erneut aufkommen, auch wenn sie bereits einmal bei der Bildung der Gruppe bearbeitet wurden. Gerade wenn wenig Zeit ist, lohnt es sich, für die bewusste Reflexion und Klärung dieser Themen Zeit zu investieren, um schneller zum Ziel zu kommen. Ansonsten ist zumindest die Wahrscheinlichkeit recht groß, dass Sachthemen durch ungeklärte aber latente Fragen überlagert werden, und durch diese Vermischung von manifesten und latenten Fragen keine von beiden beantwortet werden.

Es ist eine zentrale Aufgabe des Teamsprechers und Teamleiters zu erkennen, welche Themen in einem Team zur Klärung anstehen, diese Themen auf die Tagesordnung zu bringen und zu bearbeiten. Die oben angesprochenen Gruppensprecher- und Führungskräftetrainings sollen die hierzu erforderlichen Kompetenzen für die Moderation und Prozesssteuerung in Teams vermitteln, wie zum Beispiel Spielregeln zu vereinbaren, Rollen zu klären, Prozesse zu reflektieren. Besonders hilfreich ist es, wenn darüber hinaus Teamsprecher und -leiter eigene Erfahrungen mit Teamentwicklungsprozessen untereinander und mit erfahrenen Experten reflektieren können und nach Bedarf anfangs durch einen Coach unterstützt werden.

Bei wichtigen Projekten oder langfristig zusammenarbeitenden Gruppen empfehlen sich sogar Teamentwicklungsmaßnahmen, um diese Themen in der Startphase oder bei schwerwiegenden Problemen aktiv aufzugreifen. Ein solches Teamtraining, wie es bereits beispielhaft beschrieben wurde, kann die Identifikation mit der Gruppe erhöhen und den Teamgeist erzeugen, der für die Entstehung von Synergieeffekten erforderlich ist.

Prozessverluste durch fehlende Beiträge von Teammitgliedern

Auch das beste Teamtraining kann allerdings nicht verhindern, dass einzelne Teammitglieder sich mit ihren Beiträgen zurückhalten. Die praktische Erfahrung und eine große Zahl von Untersuchungen zeigt, dass dies umso eher geschieht:

- je größer eine Gruppe ist,
- je schlechter eine Aufgabe definiert ist,
- je weniger eine Aufgabe motiviert,
- je weniger die Beiträge des Einzelnen identifizierbar sind.

Dieses Phänomen hat inzwischen eindrucksvolle Namen, wie Trittbrettfahrereffekte, soziales Faulenzen, oder »Sucker Effekt« erhalten, die unterschiedliche motivationale Ursachen beschreiben (Stroebe/Hewstone/Stephenson 1996).

Mit dem *Trittbrettfahrereffekt* ist gemeint, dass sich Teammitglieder zurückhalten, weil sie glauben, dass ihr Beitrag die Gruppenleistung nicht nennenswert verbessert. Der Begriff *soziales Faulenzen* zielt dagegen auf die Tendenz, den anderen die Arbeit zu überlassen, in der Überzeugung oder Hoffnung nicht erwischt zu werden. Der »*Sucker Effekt*« beschreibt die Demotivationsspirale, die entsteht, wenn bislang aktive Teammitglieder ihre Beiträge zurückhalten, weil sie erkennen, dass andere sich zurücklehnen und sie sich deshalb ausgenutzt fühlen. Zum Teil kann die Zurückhaltung einzelner Teammitglieder aber auch daran liegen, dass sich nicht jeder traut, seine Meinung zu äußern, oder sich die Mitglieder eines großen Teams in Teambesprechungen gegenseitig blockieren, weil in der zur Verfügung stehenden Zeit nicht jeder zu Wort kommen kann.

Gegenmaßnahmen, wie kleine Gruppen bilden, interessante und klare Aufgaben definieren, Einzelbeiträge identifizierbar machen, liegen auf der Hand, lassen sich aber auf Grund anderer Restriktionen nicht immer umsetzen. Beispielsweise müssen bisweilen aufgabenbedingt oder auf Grund technischer Anlagen größere Gruppen gebildet werden, als es unter gruppendynamischen Aspekten wünschenswert wäre. Nicht immer vereiteln jedoch ungünstige Umstände eine Lösung. Manchmal fehlt einfach eine konsequente und systematische Vorgehensweise, wie zum Beispiel die Erstellung eines Aktionsplans, der festlegt, wer welche Teilaufgabe bis wann erledigt. Auch in dieser Hinsicht ist der Teamsprecher bzw. -leiter gefordert. Seine Aufgabe ist es, das Team so zu leiten, dass klare Absprachen getroffen und festgehalten werden, möglichst alle Teammitglieder zum Zuge kommen und der Prozess der Zusammenarbeit und damit auch die Rolle der Einzelnen gemeinsam reflektiert wird.

Abweichende Ideen und Meinungen kommen im Team nicht zur Geltung

Besonders problematisch wird es für ein Team, wenn sich nicht nur Einzelne mit ihren Beiträgen zurückhalten, sondern ein systematisches Filtern von Meinungen stattfindet, sodass letztlich die Gruppe eine verzerrte Sicht der Realität entwickelt, bis sie durch die Konsequenzen ihres Handelns von der Realität wieder eingeholt wird. Dieses Phänomen wird als *Gruppendenken* (»group think«) bezeichnet (vgl. Stroebe u.a. 1996). Die bekanntesten Beispiele stammen aus dem politischen Handlungsbereich: eines ist das Desaster, das die Amerikaner 1961 mit der gescheiterten Invasion Kubas in der Schweinebucht erlebten; ein anderes die Explosion der »Challenger«-Raumfähre. Beide Katastrophen werden auf Entscheidungsprozesse von Teams zurückgeführt, die ihre Annahmen und Überlegungen keiner kritischen Realitätsüberprüfung mehr ausgesetzt hatten.

Gruppendenken zeichnet sich demzufolge durch folgende Merkmale aus:

- Selbstüberschätzung, wir sind die Größten, wir sind unverwundbar.
- Eigene Annahmen werden nicht mehr in Frage gestellt.
- Außenstehende werden abgewertet.
- Uniformitätsdruck, abweichende Meinungen werden nicht mehr geduldet.
- Gruppendenken entsteht umso eher,
  - je stärker der Gruppenzusammenhalt ist,
  - je stärker sich eine Gruppe nach außen abschottet,
  - je stärker ein charismatischer Führer die Gruppe prägt,
  - je weniger Spielregeln vorhanden sind,
  - je weniger strukturierte Problemlösungsstrategien angewandt werden.

Um Gruppendenken zu vermeiden, empfehlen sich folgende Gegenmaßnahmen:

- Gruppenmitglieder zur Kritik vorherrschender Meinungen zu ermutigen, gegebenenfalls Mitgliedern abwechselnd die Rolle eines »Advocatus Diaboli« zuteilen, damit Gegenpositionen und konträre Sichtweisen systematisch vertreten werden.
- Meinungen und Ideen unabhängig voneinander bilden bzw. sammeln, zum Beispiel durch moderierte Kartenabfragen.
- Bewussten Austausch mit dem Umfeld suchen.
- Kritische Reflexion von Entscheidungen und Vorgehensweisen.

Da der Teamsprecher bzw. -leiter für die im Team angewandten Methoden und Vorgehensweisen zuständig ist, liegt es erneut insbesondere an ihm, hier Vorsorge zu treffen, dass sich kein Teamdenken entwickeln kann. Allerdings kann sich nicht alle Verantwortung auf ihn konzentrieren. Vielmehr tragen alle Teammitglieder Verantwortung für die gemeinsame Arbeit und sind gefordert, wahrgenommene Fehlentwicklungen und Probleme anzusprechen. Da auftretende Probleme leichter erkannt werden können, wenn man bereits vorab über mögliche Problemfelder informiert ist, empfiehlt es sich, insbesondere bei Teams, die wichtige Entscheidungen treffen müssen, diese über die angesprochenen potenziellen Gefahren zu informieren. Hierzu gehört ferner die Tendenz von Teams, Meinungen, die bereits von Anfang an favorisiert werden, zu polarisieren, also extremer zu vertreten. Diesem Effekt, der zu übertrieben vorsichtigen oder riskanten Entscheidungen führen kann, gilt es entgegenzuwirken, indem beispielsweise die zu klärenden Fragen in Bezug auf unterschiedliche Anwendungskontexte und Rahmenbedingungen diskutiert werden.

Synergieeffekte fördern

Die angesprochenen Problemfelder verdeutlichen, dass Teamarbeit nicht automatisch zu positiven Effekten führt, sondern auch Gefahren lauern, die vorbeugendes Handeln erforderlich machen. Auf diese Weise lassen sich nicht nur Gefahren und Prozessverluste der Teamarbeit vermeiden oder zumindest reduzieren, sondern Synergieeffekte fördern. Einige der angesprochenen Ansatzpunkte für solche Fördermaßnahmen, die Teamsprecher und -leiter kennen und nutzen sollten, sind im Folgenden zusammengefasst:

- »Geheime« Spielregeln und Normen offen legen und durch gemeinsam vereinbarte Spielregeln und Normen ersetzen.
- Kreative, innovative Ideen entwickeln, durch unabhängige Einzelarbeit der Teammitglieder bei der Ideensammlung, zum Beispiel mittels Kartenabfrage bzw. schriftliches »Brainstorming«.

- Teammitglieder entsprechend ihrer Expertise und nicht nach Status zur Geltung kommen lassen.
- Systematische fachliche Flexibilisierung der Teammitglieder und Entwicklung ihrer Methoden- und Sozialkompetenz.
- Durch gemeinsame (Prozess-)Reflexion der Zusammenarbeit und gesammelten Erfahrungen im Teamgespräch kollektive Lernprozesse anstoßen.
- Hierzu eine netzförmige Kommunikationsstruktur nutzen, die auch für Selbstregulationsprozesse und bei komplexen Aufgaben effektiver ist, als eine auf Einzelpersonen zentralisierte Kommunikationsstruktur.
- Eine systematische und eigenverantwortliche Arbeitsweise des Teams sicherstellen durch Zielvereinbarung, Feedback und durch klare Aktionspläne.

Hierzu müssen geeignete Informations- und Steuerungssysteme geschaffen werden, die den Teams die erforderlichen Informationen zugänglich machen und die Selbstregulation ermöglichen.

Aufbau teambezogener Informations- und Steuerungssysteme

In Unternehmen sind vielfältige Informations- und Steuerungssysteme vorhanden. In der Regel sind sie als Managementinformations- und Steuerungssysteme konzipiert. Dies bedeutet, dass betriebliche Kennzahlen oft nicht teambezogen erfasst werden und daher für die Selbststeuerung wenig hilfreich sind. Da sie meist von Fachleuten bedient und gepflegt werden, die über spezifische Kenntnisse verfügen, sind sie ferner nicht besonders nutzerfreundlich konzipiert. Die Einführung selbstregulierender Arbeitsgruppen setzt jedoch voraus, dass die Gruppen Ziele und Kennzahlen erhalten, anhand derer sie sich selbst regulieren können. Diese müssen sich daher auf das jeweilige Team beziehen, ohne großen Aufwand erfassbar und für die Gruppe zeitnah, leicht zugänglich und verständlich sein. Ferner erhöht es die betriebliche Effizienz und erleichtert die Arbeit einer Gruppe, wenn sie nicht nur auf gruppenspezifische Informationen Zugriff hat, sondern sich auch über die Arbeit anderer Teams informieren und auf relevantes Wissen anderer zurückgreifen kann.

Welche Informationen eine Gruppe benötigt, leitet sich daher aus den Aufgaben ab, die ihr eigenverantwortlich übertragen wurden. Beispielsweise erleichtert eine Qualifikationsmatrix, auf der die Qualifikationen der einzelnen Teammitglieder dokumentiert sind, die Personaleinsatz- und die Qualifizierungsplanung. Denn es ist auf einen Blick zu erkennen, wer welche Aufgaben ausführen kann bzw. darf und welche potenziellen Engpässe bei Urlaub oder Krankheit drohen. Eine Übersicht über Abwesenheiten, seien es Freischichten oder Urlaub, ist zudem hilfreich.

Sind Logistikfunktionen in die Gruppe integriert, kann es sinnvoll sein, dass eingehende Kundenaufträge und dadurch ausgelöste Bestellungen von Material und Zulieferteilen der Gruppe direkt zugänglich sind. Nicht immer ist hierfür EDV-Einsatz erforderlich. Beispielsweise können Kanban-Systeme bisweilen ähnliche Funktionen wie teure und komplexe Produktions-Planungs- und Steuerungssysteme (PPS-Systeme) einfacher, preiswerter, leichter verständlich und weniger störanfällig erfüllen. In einem Autozulieferbetrieb gehen zum Beispiel die Bestellungen der Kunden online bei den Gruppen ein und der gesamte folgende Fertigungsprozess inklusive der Zulieferteile läuft kanbangesteuert ab (vgl. Büth 1994). Ein leerer Behälter ist ein klares und einfach verständliches Signal für die Auslösung eines Produktionsprozesses. EDV-Ausdrucke von Großrechnersystemen sind es in der Regel nicht.

Die Art der Visualisierung der relevanten Steuerungsinformationen beeinflusst wesentlich, inwieweit sie tatsächlich für das alltägliche Handeln genutzt wird oder ob sie nur zum Beeindrucken von Besuchern dient, wie es in betrieblichen Neudeutungen bisweilen karikiert wird (zum Beispiel SPC als »show program for customers« oder »Statistische Prozess Kontrolle«). Um die Nutzerfreundlichkeit und tatsächliche Nutzung zu erhöhen, empfiehlt es sich, die Nutzer an der Entwicklung und Ausgestaltung der Informations- und Steuerungssysteme zu beteiligen, um ihre spezifischen Anforderungen und Erfahrungen aus der täglichen Anwendung einfließen zu lassen.

Neben der Frage der verständlichen Visualisierung der Ziele, Kennzahlen und Aktionen ist für die Nutzung entscheidend, wie zeitnah und spezifisch sie erfasst werden und welcher Aufwand für die Erfassung und Nutzung erforderlich ist. Beispielsweise können Qualitätsdaten, die kontinuierlich prozessbegleitend erfasst werden und sofort zugänglich sind, unmittelbar für die Behebung von Störungen genutzt werden. Statistiken, die auf Bereichsebene monatlich zur Verfügung gestellt werden, sind hierfür wenig hilfreich. Eine zeitnahe Erfassung von Produktionskennzahlen ist zum Teil maschinell möglich oder manuell durch die Gruppe. Eine manuelle Erfassung durch die Gruppe bietet den Vorteil, dass die Kennzahlen dadurch in der Regel verständlich sind, allerdings bedeutet es einen zeitlichen Mehraufwand und die Erfassung muss organisiert werden. Ferner führen manuell erfasste Daten, wie zum Beispiel Ausschusskennzahlen, bisweilen nicht zu den gleichen Werten, wie sie im Managementinformationssystem dokumentiert sind. Controller können sich mit einem solchen Umstand meist nur schwer abfinden, selbst wenn die verschiedenen Erfassungsmethoden unterschiedliche Funktionen erfüllen sollen und dafür eine vollständige Deckung nicht unbedingt erforderlich wäre. Eine Alternative stellen in dieser Situation PC-gestützte Steuerungssysteme dar, die eigens für die Selbstregulation von Gruppen entwickelt und mit gesamtbetrieblichen Informations- und Steuerungssysteme wie beispielsweise SAP verknüpft sind (vgl. Antoni u.a. 1996).

Eine weitere Anforderung an Informationssysteme ergibt sich, wenn in einem Unternehmen viele Teams insbesondere an verwandten Themenstellungen arbeiten. Um Doppelarbeit und den Verlust von gesammelten Erfahrungen und Erkenntnissen zu vermeiden, muss das Wissen, wer an was arbeitet bzw. gearbeitet hat, welche Methoden, Ideen und Lösungen entwickelt wurden, dokumentiert und leicht zugänglich gemacht werden. Dies erfordert ein betriebliches Wissensmanagement, das sich natürlich nicht allein auf Teams beschränken darf, aber den spezifischen Anforderungen Rechnung trägt, die sich aus der Teamarbeit ergeben.

Zu diesem Zweck wurde in einem Unternehmen beispielsweise ein »Marktplatz für Teams« im Intranet eingerichtet. Auf diesen kann jedes Teammitglied und der Gruppensprecher zugreifen, wenn sie sich informieren möchten, an welchen Themen andere Gruppen arbeiten, welche Methoden und Hilfsmittel, etwa bei der Problembearbeitung oder Zielverfolgung eingesetzt werden und wer zu diesen Themen der Ansprechpartner ist. Daher befindet sich in jedem Besprechungsraum ein PC, auf den Teammitglieder zugreifen können, die nicht an einem eigenen PC arbeiten. Andere Unternehmen, die über kein Intranet verfügen, schalten für ähnliche Zwecke ein Laufwerk für den gemeinsamen Zugriff auf entsprechende Dokumente frei.

Ein Zugang zu einem PC in der Nähe der Arbeitsplätze erleichtert natürlich den Zugriff auf EDV-gestützte Informations- und Steuerungssysteme und erspart Wegezeiten zum Meister oder Planungsbüro. Bei Teamarbeit im Angestelltenbereich stellt sich dieses Problem angesichts der vielen Bildschirmarbeitsplätze heute meist nicht mehr. PC-gestützte Informationssysteme ermöglichen es Produktionsgruppen auch, unmittelbar Rückmeldung zur Entwicklung ihrer Gruppenprämie zu geben, die sie für ihre Arbeitszeit- und Arbeitseinsatzplanung nutzen können. Auf die Möglichkeiten teamorientierter Entgeltsysteme gehen wir im Folgenden ein.

Einführung teamorientierter Entgelt- und Belohnungssysteme

Fragen der Entgeltgestaltung sind für die Beschäftigten zentral, auch wenn das Entgelt sicher nicht das einzige Kriterium darstellt, das sie zur Beurteilung der Arbeit heranziehen und das sie zur Leistung motiviert. Allein unter dem Gesichtspunkt der Belohnung von Leistung sind neben dem Entgelt eine Vielzahl weiterer Faktoren relevant, wie zum Beispiel Privilegien, Beförderungen, Statuspositionen, Lob und Anerkennung, interessante Aufgaben, umfangreiche Kompetenzen oder Verantwortung. Dennoch ist mit der Einführung von Gruppenarbeit unweigerlich die Frage verbunden, welche Auswirkungen dies für die Vergütung des Einzelnen hat. Um diese Fragen befriedigend beantworten zu können, bedarf es daher frühzeitiger Überlegungen zu den Konsequenzen von Teamarbeit für die Entgeltgestaltung (vgl. Becker/Eyer 1996).

Entgeltsysteme können nicht isoliert betrachtet werden, sondern müssen zur bestehenden Arbeitsorganisation und Organisationskultur passen und sich zusammen mit ihnen und den Menschen entwickeln. Dabei sind insbesondere Widersprüche in den Intentionen von Entgeltsystem, Arbeitsorganisation, Organisationskultur und den Beschäftigten zu vermeiden. Ein typisches Beispiel hierfür im Produktionsbereich ist die Beibehaltung von Einzelakkord trotz der Einführung von Gruppenarbeit. Der Einzelakkord fördert Stückzahldenken, Einzelkämpfertum, Arbeitsteilung und Spezialisierung und hemmt damit die bei Gruppenarbeit geforderte arbeitsbegleitende Qualifizierung, Arbeitsplatzwechsel, gegenseitige Unterstützung und die Übernahme indirekter Tätigkeiten, da sich dies negativ auf die Vergütung auswirken könnte. Dies verdeutlicht, dass möglichst frühzeitig eine Anpassung des bestehenden Entgeltsystems an die Teamarbeit erfolgen sollte. Hierzu sollen die im Folgenden dargestellten Aspekte als erste Anregung dienen (Antoni u.a. 1996).

Anforderungen an Entgeltsysteme durch Teamarbeit

Welche Anforderungen werden durch Teamarbeit an ein Entgeltsystem gestellt? Einige Aspekte klangen bereits an, sie können direkt aus den Merkmalen von Teamarbeit abgeleitet werden. Im Zentrum von Gruppenarbeit stehen die gemeinsame Gruppenaufgabe und die gemeinsame Zielsetzung, die durch das Zusammenwirken der Teammitglieder erfüllt werden sollen. Damit sind bereits zwei zentrale Aspekte der Vergütung angesprochen:

- Was wird von dem einzelnen Gruppenmitglied und von dem Team als Ganzes bearbeitet,
- Wie wird diese Aufgabe vom Einzelnen und vom Team als Ganzes bearbeitet.

Das »Was«, also die Art der Arbeitsaufgabe, bezieht sich auf das Grundentgelt, das üblicherweise entsprechend den in der Arbeit geforderten Qualifikationen bemessen wird. Das »Wie« bezieht sich auf die Leistung, die erbracht wird. Beide Aspekte können danach unterschieden werden, ob das einzelne Teammitglied oder die Gruppe als Ganzes betrachtet wird (vgl. folgende Abbildung). Entsprechend muss auch abgewogen werden, in welchem Verhältnis das Grundentgelt zum Leistungsentgelt und der individuelle zum gruppenbezogenen Anteil stehen soll.

Leistungsentgelt	**Wie** Leistung messen beurteilen	**Individuum** **Gruppe** **Unternehmen**
Grundentgelt	**Was** Arbeitsaufgabe	**Individuum** **Gruppe**

Individuelle und gruppenbezogene Entgeltkomponenten (vgl. Eyer 1996)

In Bezug auf das Verhältnis individueller zu gruppenbezogenen Entgeltanteilen gilt es abzuwägen, welchen Stellenwert die Gruppenaufgabe für den Einzelnen vor dem Hintergrund der ihm übertragenen Aufgabe hat. Für ein Projektteammitglied, das vier Stunden in der Woche für ein Projekt aufbringt, fällt die Antwort anders aus, als für ein Teammitglied, das beispielsweise Vollzeit über zwei Jahre in einem Projekt oder gar dauerhaft in einem Fertigungsteam arbeitet. Ferner spielen die Homogenität oder Heterogenität der Teilaufgaben in einer Gruppe sowie entgeltpolitische Überlegungen eine Rolle. Dies soll an zwei Beispielen erläutert werden.

In einem *Polyvalenzlohnsystem* (vgl. Ulich u.a. 1989) erfolgt eine Lohndifferenzierung entsprechend der unterschiedlichen aufgaben- und anforderungsbezogenen Qualifikationsstufen der Teammitglieder. Diese setzt auf einen Grundsockel auf und kann zusätzlich mit einer Leistungsprämie oder einem Bonus kombiniert werden. Da individuelle Unterschiede zumindest qualifikationsbezogen bereits berücksichtigt sind, empfiehlt sich in diesem Fall, eine gruppenbezogene Leistungsprämie zu wählen (vgl. folgende Abbildung).

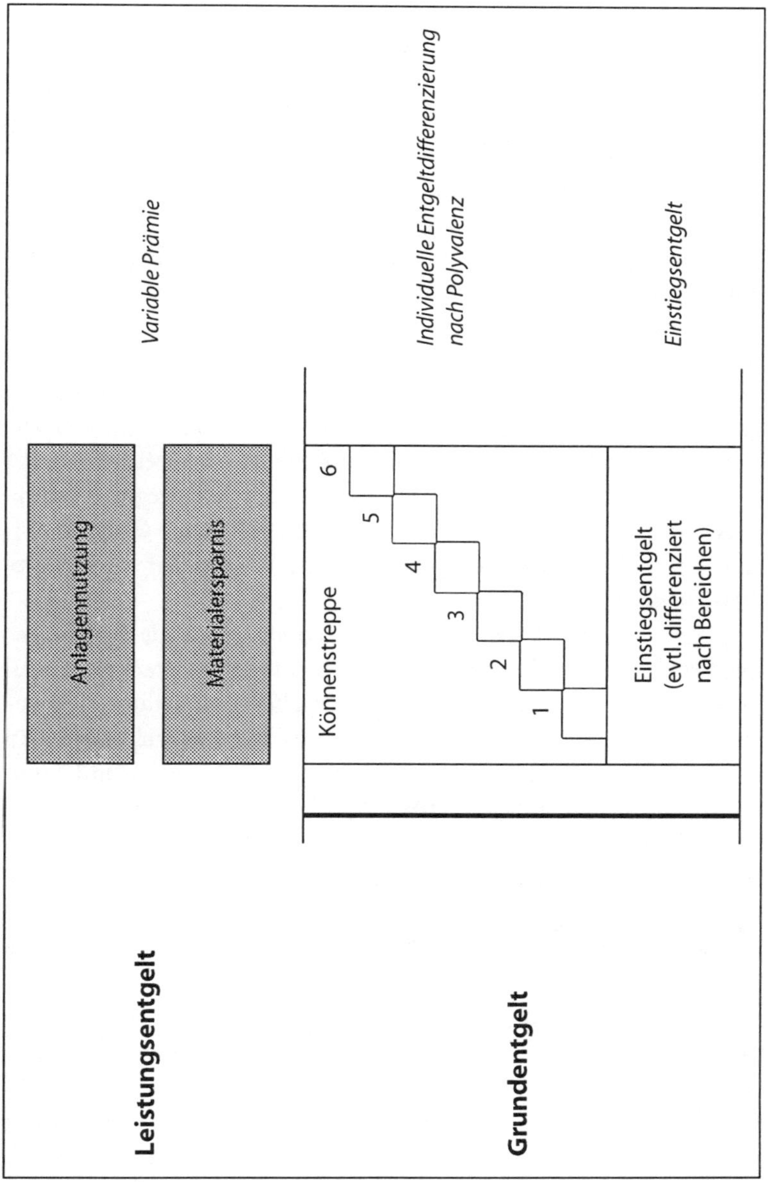

Polyvalenzentlohnung mit variabler Leistungsprämie

Als Beispiel für ein solches Modell kann das Entgeltsystem im Produktionsbereich eines Unternehmens der Autozulieferindustrie angesehen werden (vgl. Büth 1994). In einem Werk werden Schwingungsdämpfer für die Autoindustrie hergestellt. Die Fertigung ist sehr kapitalintensiv. Stillstandszeiten sind entsprechend teuer und müssen daher minimiert werden. Dazu bedarf es wiederum einer hoch qualifizierten und flexibel einsetzbaren Mannschaft. Aus diesem Grund wurde eine unternehmensspezifische »Facharbeiter«-Ausbildung geschaffen. Als Qualifizierungsanreiz wurden qualifikationsabhängige Lohnstufen bezogen auf die im Team geforderten Kompetenzen eingeführt. Eine Besonderheit hierbei ist ferner, dass in einer von neutraler Seite moderierten Gruppendiskussion die Gruppenmitglieder selbst die Qualifikation und damit die fachliche Einsatz-Flexibilität ihrer Kollegen beurteilen (der jeweils Beurteilte verlässt hierzu die Runde). Zur Förderung der Selbstregulation und Leistungsorientierung der Gruppe ist dies mit einer Gruppenprämie verbunden, in die die Nutzungszeiten der Anlagen sowie Materialeinsparungen eingehen.

Die Nutzungsprämie ergibt sich aus dem Verhältnis der Summe aller Vorgabezeiten für direkte und indirekte Tätigkeiten zur Anwesenheitszeit. Ausgangspunkt für die Vorgabezeitermittlung sind dabei die Anforderungen des Kunden. Aus seinem Zielpreis lassen sich die zulässigen Kosten für Material, Betriebsmittel und Lohn ableiten. Auf dieser Basis werden die Vorgabezeiten für die einzelnen Produkte mit der Gruppe vereinbart. Die Materialeinsparungsprämie ergibt sich aus dem Verhältnis von Soll- zu Ist-Materialverbrauch. Da der Nutzungsprämie ein größerer Stellenwert zugemessen wird, wird sie im Verhältnis zur Materialeinsparungsprämie mit dem Faktor drei gewichtet.

Eine weitere Besonderheit des Entgeltsystems ist, dass die Vorgabezeiten jährlich um zehn Prozent reduziert werden und damit die Basis der Prämienberechnung kontinuierlich angepasst wird. Die gleitende Anpassung der Vorgabezeiten an den Zielwert wird in modifizierter Form auch bei Produktanläufen genutzt, um schnell auf das notwendige Kostenniveau zu kommen. So ist ein 16-prozentiger Zeitaufschlag in monatlichen zwei Prozentschritten abzubauen. Diese Praktik ist vor dem Hintergrund zu sehen, dass das

Unternehmen als Autozulieferer in einem harten weltweiten Wettbewerb steht und mit vertraglich vereinbarten Preisminderungen über den Produktlebenszyklus leben muss. Damit stehen auch die Mitarbeiter in der Verpflichtung, zur Kostensenkung beizutragen. Ohne diesen Konkurrenzdruck, der bis auf die einzelne Gruppe durchschlägt, wäre dieses bereits seit etlichen Jahren praktizierte System wohl kaum vorstellbar.

Der grundlegende Gedanke dieses Rationalisierungsansatzes, Mitarbeiter zu Produktivitätssteigerungen anzuregen, kann jedoch auch anders realisiert werden. In selbstregulierenden Gruppen können Mitarbeiter ihre Produktivität steigern, indem sie mit einem erhöhten Leistungsgrad arbeiten oder – und dies ist in diesem Betrieb beabsichtigt – indem sie ihre Arbeit besser organisieren. Eine intelligentere Organisation kann beispielsweise durch Verbesserungen der Abläufe und/oder der Anlagen oder durch bessere Zusammenarbeit und Kommunikation erreicht werden. Sie ist zudem nachhaltiger als die Mobilisierung der letzten Kraftreserven, die ethisch problematisch ist und langfristig wiederum zu erhöhten Sozialkosten auf betrieblicher und gesellschaftlicher Ebene führt.

Der kontinuierliche Verbesserungsprozess ist daher ein wesentlicher Erfolgsfaktor selbstregulierender Gruppen. Er führt jedoch dazu, dass die Prämienbasis »davonläuft«. Eine Veränderung der Vorgabezeiten ist aber nur bei nachgewiesenen technischen oder organisatorischen Veränderungen möglich. Dazu ist die Arbeitsvorbereitung häufig nicht in der Lage, da diese in kleinen Schritten von den Teammitgliedern durchgeführt wurden. Wo sie sich intelligenter organisiert bzw. »Sand aus dem Getriebe« geholt haben, kann nicht nachgewiesen werden. Selbst in Fällen, in denen es mit oft hohem Aufwand möglich wäre, ist es Verschwendung, da diese Kontrollarbeit nicht zur Wertschöpfung beiträgt.

Auch die Erfassung und Bearbeitung der erreichten Verbesserungen durch das betriebliche Vorschlagswesen würde zu einem beträchtlichen unproduktiven Mehraufwand führen. Es kann jedoch nicht das Ziel sein, einerseits den Anteil an wertschöpfenden Tätigkeiten der Produktion kontinuierlich zu erhöhen und andererseits den bürokratischen Kontrollaufwand – sei es in der Zeitwirtschaft oder im Vorschlagswesen – aufzublähen, um die Erfolge angemessen erfassen und nachweisen zu können. Daher ist es sinnvoll, das jetzige ereignis- und zeitpunktbezogene betriebliche Vorschlagswesen durch eine zeitraumbezogene Rationalisierungsprämie zu ergänzen.

So prämiert beispielsweise ein Unternehmen der Textilindustrie innerhalb eines Quartals aufgelaufene Produktivitätsfortschritte und hebt im Gegenzug die Prämienbasis an (vgl. Abbildung auf Seite 145). Dadurch wird die Datenbasis für die Gruppenprämie regelmäßig und für die Mitarbeiter vorhersehbar und kontrollierbar angepasst und deren »Davonlaufen« kann vermieden werden. Ferner besteht dadurch ein Anreiz zur kontinuierlichen Verbesserung und Weiterentwicklung vorhandener Systeme und Abläufe und es wird ein Beitrag zur Sicherung der Wettbewerbsfähigkeit und der Arbeitsplätze geleistet.

Das Unternehmen geht dabei so vor, dass das Entgelt für Leistungen oberhalb der vereinbarten Prämienobergrenze von 130 Prozent im laufenden Quartal in ein Ansammlungskonto fließt. Dieses aufgelaufene Entgelt wird den Mitarbeitern am Beginn des Folgequartals ausbezahlt. Liegt es über vier Prozent des Quartalsverdienstes, so wird den Mitarbeitern zusätzlich ein Bonus bezahlt und die Prämienbemessung entsprechend angepasst. Der Bonus berechnet sich aus den Personalkosten (Bruttoverdiensten), die in einem Jahr eingespart werden. Diese Einsparung wird zu 50 Prozent an die Mitarbeiter ausgeschüttet. Im Gegenzug wird die Prämienausgangs- und -endleistung um die Differenz der erbrachten Leistung zu der Prämienobergrenze von 130 Prozent angepasst.

Einzelne Punkte dieses Modells müssen natürlich unternehmensspezifisch vereinbart werden, beispielsweise:

- ob die Prämienobergrenze in einem Korridor von drei, vier oder fünf Prozent ohne Anpassung überschritten werden kann,
- ob die gesamte Mehrleistung oder nur ein vereinbarter Prozentsatz bei der Anpassung der Prämienberechnung berücksichtigt wird,
- ob es einen Automatismus gibt oder ob der Abkauf und der Prozentsatz der Anpassung der Prämienberechnung fallweise mit der Gruppe vereinbart wird.

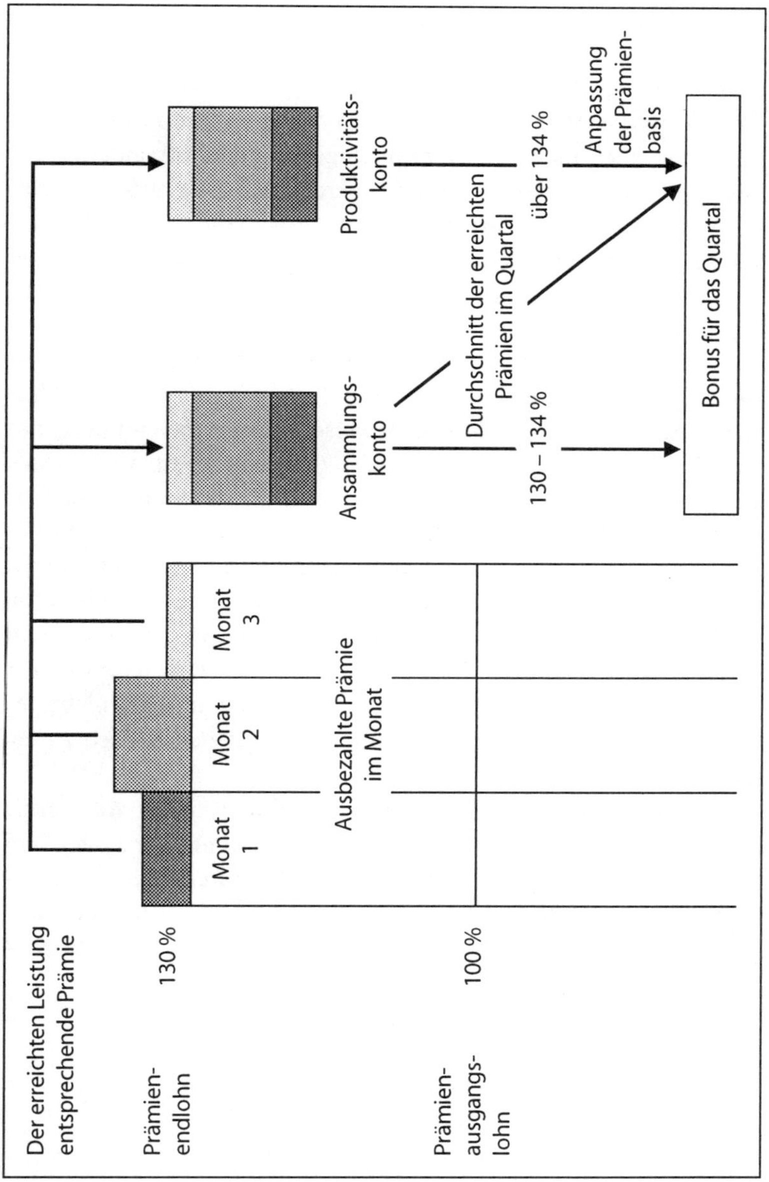

Vergütung zeitraumbezogener Produktivitätsverbesserungen

Allerdings zeigt die Erfahrung, dass in vielen Firmen von den Mitarbeitern eine automatische Anpassung der Prämienbemessungsgrundlage nicht akzeptiert wird. Hintergrund hierfür dürfte die Angst einer Leistungsverdichtung sein, wenn die Produktivitätsverbesserung doch nicht auf einer intelligenteren Selbstregulation der Gruppe beruhen, sondern auf Sondereffekten, wie außergewöhnlich wenig Störungen. Alternativ kann ein Verhandlungsmodell eingeführt werden, bei dem Vertreter der Gruppe, des Betriebsrates und der Führung über einen Abkauf der Produktivitätsfortschritte, die über der vereinbarten Toleranzzone liegen, verhandeln.

Welches von diesen Modellen in einem Unternehmen realisiert werden kann und inwieweit es in der Praxis dann auch tatsächlich funktioniert, hängt sowohl vom gegenseitigen Vertrauen und damit von der Unternehmenskultur ab als auch vom Wettbewerbsdruck auf das Unternehmen, den eine Gruppe spürt. Selbst innerhalb eines Konzerns kann es hier Unterschiede geben. Beispielsweise ist es in einem Zulieferbetrieb der Autoindustrie langjährige Praxis, dass die Gruppen Rationalisierungsbeiträge sogar ohne Gegenleistung jährlich einbringen, während es zur selben Zeit in einem anderen Unternehmen desselben Konzerns, aber einer anderen, weniger umkämpften Branche, selbst mit einem Prämienmodell nicht gelang, versteckte Rationalisierungspotenziale für den Betrieb zu erschließen.

Dies zeigt, dass Entgeltsysteme nicht ohne weiteres von einem Betrieb auf den anderen übertragen werden können, sondern bei deren Entwicklung und Einführung auf die unternehmensspezifischen Gegebenheiten geachtet werden muss. Dies zeigt sich anschaulich bei dem folgenden Beispiel der Entwicklung eines teamorientierten Entgeltsystems.

Beispiel der Entwicklung eines teamorientierten Entgeltsystems

Das Unternehmen begann 1988 mit der Einführung von selbstregulierenden Fertigungsinseln. Zu diesem Zeitpunkt waren weder der Betriebsrat noch das Management bereit, das sichere Terrain des Einzelakkords im gewerblichen Bereich zu verlassen. Erst als sich

Gruppenarbeit als wirtschaftlicher Erfolg erwies und in der Zusammenarbeit zwischen Betriebsrat und Management das gegenseitige Misstrauen wich, die andere Seite wolle einen »über den Tisch ziehen«, wuchs die Bereitschaft über neue Lohnformen nachzudenken. Die Entwicklung des teamorientierten Entgeltsystems erfolgte dabei in zwei Schritten (vgl. folgende Abbildung).

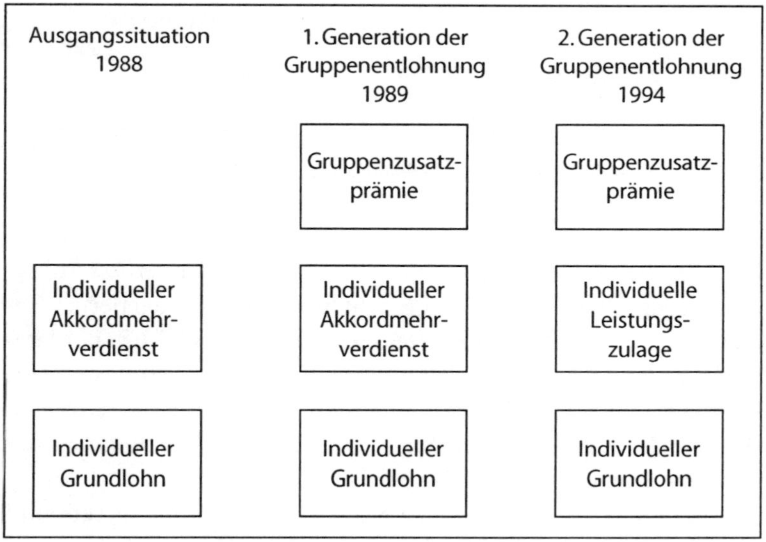

Von der Einzelentlohnung zum teamorientierten Entgeltsystem

Als ersten Schritt erprobte man die Einführung einer Gruppenzusatzprämie, um die Gruppen an dem wirtschaftlichen Erfolg teilhaben zu lassen und um weitere Rationalisierungsfortschritte zu erzielen. Diese hatte zwei Komponenten (vgl. Antoni/Eyer 1997):

- eine Gemeinkostenersparnisprämie,
- eine Qualitätsprämie.

Die Gemeinkostenersparnisprämie errechnet sich aus einer Produktivitätskennziffer. In diese fließen die Anzahl Gutteile multipliziert mit der jeweiligen Vorgabezeit zuzüglich des Zeitbudgets für Gemeinkostentätigkeit im Verhältnis zur Anwesenheitszeit der Mitarbeiter. Auf Grund zu hoher Fehlerkosten (Kosten für Ausschuss und Nacharbeit) wurde als zweite Komponente der Gruppenprämie eine Qualitätsverbesserungsprämie gezahlt.

$$\text{Produktivitätskennziffer} = \frac{\text{Gutteile} \times \text{Vorgabezeit} + \begin{matrix}\text{Zeitbudget für}\\ \text{Gemeinkostentätigkeit}\end{matrix}}{\text{Anwesenheitszeit der Mitarbeiter}}$$

Berechnung der Gemeinkostenreduzierungsprämie

Die Mitarbeiter können die Produktivitätskennziffer verbessern, indem sie auf Qualität und Menge achten sowie die budgetierten Gemeinkostentätigkeiten optimieren, wie zum Beispiel Rüsten, Materialtransport, Nacharbeit, kontinuierlicher Verbesserungsprozess, Gruppengespräche etc., und/oder die Anwesenheitszeit (Arbeitszeit) an die Kapazitätsbedürfnisse des Marktes – im Rahmen des flexiblen Arbeitszeitsystems – angleichen.

Zur Ermittlung der Basisdaten des Zeitbudgets für direkte und indirekte Tätigkeiten bzw. für die erzielten Qualitätsverbesserungen wurden zuvor die entsprechenden betrieblichen Kennzahlen über mehrere Monate erfasst. Erzielte Kosteneinsparungen, bemessen nach den budgetierten Brutto-Lohnkosten bzw. nach den eingesparten Fehlerkosten, wurden zu 50 Prozent an die Gruppe ausgeschüttet und in gleichen Anteilen auf die Mitglieder der Gruppe verteilt. Auch etwaige Ergebnisverschlechterungen wurden erfasst und führten ggf. zu negativen Prämienwerten, die jedoch nicht direkt entgeltwirksam wurden, sondern zeitlich gestaffelt mit künftigen positiven Prämien verrechnet wurden.

Mit dieser Gruppenzusatzprämie wurden positive Erfahrungen gemacht. Sie führte zu weiteren sichtbaren Ergebnisverbesserungen. Weniger zufrieden war man mit dem Einzelakkord.

Kritikpunkte waren:

- die Datenpflege und der Lohnermittlungsaufwand waren aufwändig,
- die Facharbeiter hatten keinen finanziellen Anreiz, auch einfache gewerbliche (produktive) Tätigkeiten zu übernehmen,
- die Mitarbeiter, die sich auf einige wenige Arbeitsplätze spezialisiert hatten, hatten auf Grund ihres hohen Übungsgrades die höchsten Akkordmehrverdienste,
- dies hemmte die Bereitschaft, sich für andere Tätigkeiten zu qualifizieren und an anderen Arbeitsplätzen zu arbeiten, und damit letztlich die Einsatzflexibilität der Gruppe,
- die vom Unternehmen geforderte und von den Mitarbeitern erbrachte zeitliche Flexibilität schlug sich nicht im Entgelt nieder.

Aus diesen Schwierigkeiten wurden die Anforderungen für die zweite Generation des Entlohnungssystems erarbeitet, es waren:

- die hohe fachliche, methodische und soziale Grundqualifikation soll belohnt werden,
- die fachliche Flexibilität innerhalb und außerhalb der Gruppe sowie
- die räumliche und zeitliche Flexibilität der Mitarbeiter sollen gefördert werden,
- die unterschiedliche Kreativität und Teilnahme der Mitarbeiter am Verbesserungsprozess sollen honoriert werden.

Die zweite Generation des gruppenbezogenen Entgeltsystems sah daher einen individuellen Grundlohn der Mitarbeiter in Höhe des Tarif-Ecklohnes für Facharbeiter vor. Dieser sollte allerdings erst nach zwei Jahren Betriebszugehörigkeit bezahlt werden, da in der Regel erst dann die gewünschte hohe fachliche, methodische und soziale Grundqualifikation erreicht ist. Zuvor erhalten neu eingestellte Mitarbeiter die unterste Lohngruppe des Tarifgebietes. Die Mitarbeiter, die nach zwei Jahren in das neue Entlohnungssystem übernommen werden, werden dann hinsichtlich ihrer fachlichen Flexibilität in der Gruppe, ihrer fachlichen Flexibilität über die

Gruppe hinweg sowie ihrer räumlichen und zeitlichen Flexibilität und Kreativität zweimal jährlich von der Gruppe bewertet. Das Ergebnis dieser Bewertung führt zu einer Leistungszulage für jeden Mitarbeiter.

Kriterien zur individuellen Leistungsbeurteilung					
Leistungsmerkmal	Leistungsstufen mit Zulage (in Prozent)				
	nicht ausreichend	ausreichend	befriedigend	gut	sehr gut
fachliche Flexibilität in der Gruppe	0	3,5	7,0	10,5	14
fachliche Flexibilität über die Gruppe hinweg	0	3,5	7,0	10,5	14
räumliche und zeitliche Flexibilität	0	3,5	7,0	10,5	14

Die Umstellung auf ein solches Entgeltsystem kann zu deutlichen Entgeltveränderungen führen und erfordert daher eine längere Übergangsphase. In diesem Unternehmen wurden drei Jahre vereinbart, um den Mitarbeitern genügend Zeit zu geben, notwendige Qualifikationen zu erwerben. In diesem Umstellungszeitraum sollte die Leistungsbeurteilung schon durchgeführt werden, um den Mitarbeitern zu zeigen, wo sie sich qualifizieren und flexibler verhalten müssen, um ihr jetziges Entgeltniveau zu halten bzw. ein höheres Entgeltniveau zu erreichen. So erhalten beispielsweise Facharbeiter ihr »altes Entgelt« nur dann, wenn sie auch in der Gruppe flexibel sind und entsprechend viele produktive Tätigkeiten ausführen. Entsprechend gilt für alle Gruppenmitglieder, dass sie neben ihrer fachlichen Flexibilität innerhalb der Gruppen, auch über die Gruppen hinweg sowie räumlich und zeitlich flexibel und im kontinuierlichen Verbesserungsprozess aktiv sein müssen, wenn sie die volle Punktzahl erreichen wollen.

Flexibilisierung der Arbeitszeiten

Für viele Unternehmen führt das Bestellverhalten ihrer Kunden zu einem im Jahresverlauf stark schwankenden Umsatz (s. Abbildung unten auf dieser Seite). Entsprechend unterschiedlich ist der jeweilige Bedarf an Mitarbeitern und an Arbeitszeit, um diese Aufträge erfüllen zu können. Damit stellt sich die Frage nach der optimalen Personalkapazität. Orientiert man sich an dem durchschnittlichen Umsatz pro Tag, fallen bei Umsatzspitzen Mehrarbeit und bei Auftragsrückgängen Kosten für Nichtarbeit oder Kurzarbeit an. Beschränkt man daher die Stammbelegschaft auf das Minimum, um Kurzarbeit zu vermeiden, müssen bei hoher Auslastung temporäre Fremdarbeitskräfte beschäftigt werden. Dies stört jedoch den Gruppenprozess und letztlich auch die Prozesssicherheit. Mehrarbeit ist zustimmungspflichtig und teuer und kann den Mehrbedarf bisweilen auch nicht ausgleichen.

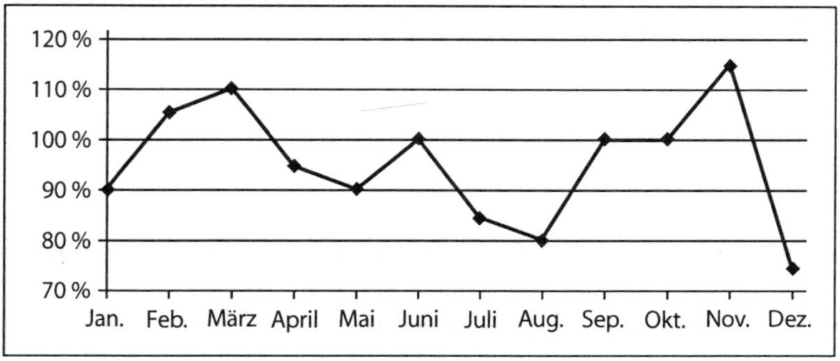

Typische saisonale Umsatzschwankungen im Autobereich

Um die Personalkapazität an Schwankungen im Auftragseingang ohne Fremdpersonal und Überstunden anpassen zu können, ist ein flexibles Arbeitszeitsystem erforderlich. Flexibel wäre es insbesondere, wenn die Teams bzw. Mitarbeiter ihre Arbeitszeit selbst innerhalb eines vereinbarten Rahmens entsprechend den betrieblichen und den Kundenanforderungen sowie ihren eigenen Wünschen gestalten können. Einen solchen Rahmen zu vereinbaren und seine Einhaltung zu kontrollieren, unter Berücksichtigung der Bestimmungen des Arbeitszeitgesetzes und tariflicher Regelungen, ist Aufgabe von Management und Betriebsrat. Hierfür ist es erforderlich, anhand von Erfahrungswerten und Marktanalysen die künftig geforderte Schwankungsbreite der Arbeitszeitkapazität zu bestimmen und die Interessen und Wünsche der Beschäftigten bezüglich der Flexibilisierung ihrer Arbeitszeit zu klären.

Die Regelungen des Arbeitszeitmodells müssen ferner zum bestehenden Entgeltsystem, zur Arbeitsorganisation und zur Organisationskultur passen. Beispielsweise fördert ein Entgeltsystem mit Gruppenprämien, wie es oben beispielhaft dargestellt wurde, bei dem Planzeiten mit Ist-Zeiten verglichen werden, auch die effektive Selbstregulation der Arbeitszeit einer Gruppe, wie umgekehrt die Selbstregulation der Arbeitszeit es dem Team erst ermöglicht, sein Entgelt zu optimieren. Um dies zu verdeutlichen, soll das zuletzt genannte Beispiel noch einmal aufgegriffen und die Entwicklung und Ausgestaltung des Arbeitszeitmodells in diesem Unternehmen dargestellt werden (vgl. Antoni/Eyer 1997).

Beispiel der Entwicklung eines teamorientierten flexiblen Arbeitszeitsystems

Ziele des Unternehmens für das flexible Arbeitszeitsystem waren:

- Sicherung international wettbewerbsfähiger Arbeitsplätze,
- Schaffung zusätzlicher Arbeitsplätze,
- umfassende Flexibilisierung der Arbeitszeiten ohne Überstunden(-zuschläge),
- Arbeitsplatz- und Beschäftigungsgarantien für vier Jahre für Stammmitarbeiter,
- höhere Kapazitätsauslastung durch längere Maschinenlaufzeiten,
- Überwindung starrer Arbeitszeitregeln,
- Entkoppelung von Maschinenlaufzeiten und individueller Arbeitszeit.

Diese Ziele konnten durch folgende Prinzipien des neuen Arbeitszeitmodells erreicht werden:

- flexible Arbeitszeit (Gleitzeit) für alle Mitarbeiter,
- individuelle Arbeits- und Schichtmodelle für jede Gruppe, die in jeweils gesonderten Betriebsvereinbarungen auf die Kapazitätsbedürfnisse des Marktes und die individuellen Bedürfnisse der Mitarbeiter abgestimmt sind und die sich innerhalb der mit dem Gesamtbetriebsrat abgeschlossenen Rahmenbetriebsvereinbarung bewegen,
- Nutzung der Betriebsmittel an Samstagen als Regelarbeitszeit.

Entsprechend dieser Prinzipien und auf der Grundlage der Analyse der künftigen Anforderungen wurden folgende Eckpunkte in der Rahmenbetriebsvereinbarung festgelegt:

- Die Regelarbeitszeit beginnt Sonntag 19.30 Uhr und endet Samstag 18.00 Uhr,
- die Rahmenarbeitszeit liegt zwischen 0.00 Uhr bis 24.00 Uhr; d.h. es gibt keine Kernzeit,
- das Gleitzeitsaldo beträgt maximal +/– 50 Stunden,
- es können maximal 20 Plusstunden im Monat ausgebaut werden,
- individuelle regelmäßige wöchentliche Arbeitszeiten sind von 18 bis 48 Stunden möglich,
- die Arbeitszeitregelung gilt für alle Mitarbeiter und Mitarbeiterinnen, das heißt: Arbeiter und Angestellte, Teil- und Vollzeitkräfte.

Diese Eckpunkte konnten durch die einzelnen Gruppen in Abstimmung mit ihren Führungskräften ausgestaltet werden. Um die Identifikation der Führungskräfte mit der neuen Betriebsvereinbarung zu erreichen, wurde ihre Gestaltungspflicht in die Umsetzung der Vereinbarung mit aufgenommen. Hierzu wurden sie an allen Standorten vom Personalleiter und dem Betriebsrat gemeinsam informiert und qualifiziert. Sie wurden explizit darauf hingewiesen, dass sie selbst für die Arbeitszeiten in ihrem Bereich verantwortlich sind und den Rahmen mit ihren Teams bzw. Mitarbeitern ausgestalten und die getroffenen Vereinbarungen begründen müssen.

Die Umsetzung dieser Rahmenbetriebsvereinbarung war nicht einfach. Insbesondere Mitarbeiter, die sich auf Grund kontinuierlicher Überstunden an ein höheres Einkommensniveau gewöhnt hatten, waren zunächst nicht bereit, ihre wöchentliche Regelarbeitszeit auf 36 Std./Woche zu reduzieren. Ihr Einkommen konnte sich auf Grund von wegfallenden Mehrarbeitszuschlägen und kürzerer Anwesenheitszeit um monatlich bis zu 1.000 DM netto reduzieren. Zur Erleichterung des Übergangs wurden daher pro betroffenen Mitarbeiter für bis zu drei Monate maximal 5.000 DM bezahlt. Trotzdem bedurfte es eines erheblichen Überzeugungsaufwands durch Management und Betriebsrat. Als entscheidende Argumente wurden angeführt:

- Schaffung von 401 neuen Arbeitsplätzen durch den Abbau der Überstunden,
- Übernahme von Auszubildenden,
- Beschäftigungsgarantie für vier Jahre,
- Weiterbildungsangebote für Mitarbeiter, um längere Betriebszeiten zu Gewähr leisten.

Es zeigte sich, dass dort, wo Gruppenarbeit bereits etabliert war, das neue Arbeitszeitmodell am leichtesten vermittelt und umgesetzt werden konnte. Hier waren die Mitarbeiter unternehmerisches Denken bereits gewohnt. Die frühzeitige Beteiligung der Mitarbeiter und betrieblichen Vorgesetzten durch Personalabteilung und Betriebsrat bewirkten ein konstruktives Klima, um Änderungswünsche aufzugreifen und das gemeinsam gestaltete Arbeitszeitmodell umzusetzen.

Gerade die Anpassung der Arbeits- und Personalkapazität entsprechend den betrieblichen Anforderungen übersteigt bei extremen Schwankungen immer wieder die Möglichkeiten einzelner selbstregulierender Gruppen und verdeutlicht die Notwendigkeit übergreifender Abstimmungs- und Steuerungssysteme im Rahmen einer prozessorientierten Organisationsgestaltung.

Prozessorientierte Organisationsgestaltung

Auf die Notwendigkeit der Koordination selbstregulierender Gruppen und ihrer Einbettung in ein umfassendes Organisationsmodell wird bereits seit langem hingewiesen. Ein Ansatz, dieses Problem zu lösen, ist die Schaffung vertikal und horizontal überlappender Gruppen (Likert 1961; 1967). Dazu werden auf jeder Hierarchieebene Teams gebildet, die personell miteinander verbunden sind. Verbindungsglieder können beispielsweise Führungskräfte sein, die einmal Teammitglieder und auf der niedrigeren Ebene Vorgesetzte sind und die Koordination der einzelnen Gruppen und ihre Ausrichtung auf das Unternehmensziel Gewähr leisten. Neben vertikalen können horizontale Verbindungsglieder zur Schaffung *funktionsübergreifender Arbeitsgruppen* genutzt werden. Wie bei einer Matrixorganisation können auf diese Weise verschiedene Funktionsbereiche entlang einer Prozesskette miteinander verbunden werden, um die Steuerung des Produktionsprozesses für ein Produkt oder eine Produktgruppe zu optimieren.

Gerade in den letzten Jahren wird Prozessorientierung bzw. prozessorientierte Organisationsgestaltung intensiv diskutiert und gilt als modernes Managementkonzept. Welche Vorteile es bringt, wenn Organisationen aus selbstregulierenden Organisationseinheiten aufgebaut sind, die prozessorientiert gestaltet sind, also möglichst komplette Prozessketten bei der Herstellung von Produkten umfassen, wurde bereits ausgeführt (vgl. Kapitel 4). Die wichtigsten Vorteile lassen sich wie folgt zusammenfassen:

- Es kann schneller auf veränderte externe oder interne Anforderungen reagiert werden, da die erforderlichen Fach- und Entscheidungskompetenzen in der Prozesskette integriert sind,
- es gibt klare Verantwortlichkeiten, da Arbeitsergebnisse und Kompetenzen klar zugeordnet werden können,
- Störungen breiten sich nicht unkontrolliert auf andere Prozessketten aus, da sie weitgehend unabhängig voneinander arbeiten,
- zielorientierte Führung und Feedback werden erleichtert,
- die Identifikation mit dem Produkt und der Aufgabe wird erleichtert,

- die ganzheitliche Aufgabe kann motivierend wirken,
- es besteht ein unmittelbarer Kontakt zum Kunden, der die Kundenorientierung fördert.

Prozessorientierte Organisationsgestaltung muss sich nicht auf den Herstellungs-, d.h. Produktionsprozess im engeren Sinne beschränken, sondern kann als Gestaltungsprinzip für die gesamten Geschäftsprozesse herangezogen werden. Da diese vom Marketing, über die Vorentwicklung, Entwicklung, Konstruktion, Einkauf, Produktion und Logistik bis zum Vertrieb reichen, um nur einige Funktionen zu nennen, stellt sich die Frage, wie dieser Gesamtprozess sinnvoll in Teilprozesse aufgegliedert werden kann. Angesichts der Vielzahl relevanter Funktionen für den Gesamtprozess können aus Kapazitäts- und Kostengründen nicht alle Funktionen in den einzelnen Organisationseinheiten abgebildet werden können. Es verbleiben Zentralfunktionen wie zum Beispiel Technologieentwicklung, Personal, Arbeitssicherheit. Welche Funktionen besser in Prozessketten integriert und welche zentral bleiben, muss in jedem Einzelfall geklärt werden. Ähnliches gilt für die Definition der Teilprozesse. Eine einfache Möglichkeit stellt die Unterscheidung in Innovations- und Produktionsprozesse dar.

Selbst im Produktionsbereich kann eine komplette Prozesskette für die Herstellung eines Produktes in der Regel nur bei eng umgrenzten Aufgabenumfängen in eine Gruppe integriert werden. Beispiele hierfür finden sich etwa in der Autozulieferindustrie, zum Beispiel wenn Gruppen die Produktion eines Schwingungsdämpfers vom Kundenauftrag bis zur Auslieferung übertragen wurde, oder im Anlagen- und Aggregatebau (vgl. Antoni 1994; Antoni/Eyer/Kutscher 1996). Bereits die Herstellung eines Fahrzeugsitzgestells und erst recht die eines PKW-Typs umfasst so viele technologisch unterschiedliche Bearbeitungsstufen und Arbeitsgänge, dass mehrere Gruppen in mehreren Bereichen zum Teil sogar in mehreren Unternehmen dafür benötigt werden. Dennoch arbeiten sie an einem gemeinsamen Produktionsprozess, der nur nachhaltig und wirkungsvoll optimiert werden kann, wenn die gesamte Prozesskette betrachtet wird.

Die Koordination der einzelnen Elemente der Prozesskette kann durch ein gemeinsames Steuerungssystem erfolgen. Hierzu gibt es inzwischen eindrucksvolle Beispiele, wie dies selbst unternehmensübergreifend über die gesamte Logistikkette erfolgen kann, etwa indem Kundenaufträge per EDV automatisch auf die verschiedenen Zulieferer aufgelöst und an diese weitergeleitet werden oder Lieferbedarfe über klassische Kanbansysteme oder per Barcode-Abruf der Produktion bei Teileentnahme signalisiert und automatisch verrechnet werden.

Als Beispiel einer prozessorientierten Produktionsgestaltung ist in den letzten Jahren das Konzept der Fertigungssegmentierung bekannt geworden (Wildemann, 1988). Es sieht die Schaffung größerer weitgehend autonomer, produktorientierter Fertigungseinheiten vor. *Fertigungssegmente* sind durch folgende Merkmale gekennzeichnet:

- Markt- und Zielausrichtung,
- Produktorientierung,
- mehrere Stufen der logistischen Kette eines Produktes,
- Übertragung indirekter Funktionen,
- Kostenverantwortung.

Zielsetzung der Fertigungssegmentierung ist es, relativ unabhängige produktorientierte Organisationseinheiten zu schaffen, die sich Marktveränderungen schnell anpassen können. Fertigungssegmenten liegen somit ähnliche Gestaltungsprinzipien und Zielsetzungen zu Grunde wie teilautonomen Arbeitsgruppen. Im Unterschied zu selbstregulierenden Arbeitsgruppen handelt es sich jedoch um ein reines Organisationsmodell, das Fragen der Arbeitsgestaltung vernachlässigt. Fertigungssegmente umfassen in der Regel größere Organisationseinheiten und können damit mehrere teilautonome Arbeitsgruppen beinhalten.

Die Einführung von Fertigungssegmenten setzt jedoch nicht unbedingt selbstregulierende Arbeitsgruppen voraus. Fertigungssegmente können auch eine klassisch arbeits- und funktionsteilige Struktur aufweisen. Sie finden sich ferner sowohl in einer verrichtungsorientierten als auch in einer gruppentechnologisch orientierten Fertigung. Allerdings führt die Strukturierung von Organisationen in arbeitsteilige und verrichtungsorientierte Fertigungssegmente nur zu einer begrenzten Dezentralisierung und Selbststeuerung, da innerhalb der Fertigungssegmente tayloristische Strukturen erhalten bleiben. In diesem Falle kommen unterschiedliche Organisationsprinzipien auf der Makro- und Mikroebene zur Geltung, was zu Reibungs- und Flexibilitätsverlusten führen kann. Bei einer konsequenten Umsetzung der Prinzipien der Dezentralisierung von Aufgaben, Verantwortung und Kompetenzen könnten Fertigungssegmente jedoch eine gute Möglichkeit zur Integration selbstregulierender Arbeitsgruppen bei komplexeren Produktionsprozessen bieten.

Eine Optimierung des Gesamtsystems nach durchgängigen Gestaltungsprinzipien verfolgt insbesondere das Konzept der fraktalen Fabrik (Warnecke 1992; Warnecke/Hüser 1992). Eine fraktale Fabrik ist als offenes System definiert, das aus selbstständig agierenden und in ihrer Zielausrichtung selbstähnlichen Einheiten – den Fraktalen – besteht und durch dynamische Organisationsstrukturen einen vitalen Organismus bildet (der Begriff der Fraktale stammt aus der fraktalen Geometrie). Die zentralen Merkmale des Konzeptes der fraktalen Fabrik sind:

- Selbstähnlichkeit,
- Selbstorganisation,
- Selbstoptimierung,
- Zielorientierung und
- Dynamik.

Eine fraktale Fabrik bzw. ein fraktales Unternehmen soll sich durchgängig aus sich selbst organisierenden, sich selbst optimierenden, sich in ihre Zielausrichtung ähnlichen dynamischen Einheiten aufbauen. Selbstregulierende Arbeitsgruppen stellen eine Möglichkeit zur Bildung von Fraktalen dar. Umfassendere Fraktale, die mehrere teilautonome Arbeitsgruppen umfassen, könnten wiederum Fertigungssegmente darstellen.

Die im Rahmen des Konzeptes der fraktalen Fabrik propagierte durchgängige Gestaltung des Unternehmens im Sinne selbstähnlicher, selbstorganisierender und selbstregulierender Organisationseinheiten impliziert ähnlich dem Taylorismus-Fordismus, dass es einen besten Weg gibt. Einheitliche Gestaltungsprinzipien sind jedoch nur gerechtfertigt, wenn ähnliche interne und externe Anforderungen an das gesamte Unternehmen gestellt werden. Operiert jedoch ein Unternehmen mit heterogenen Produkten auf Käufer- und Verkäufermärkten, die sehr unterschiedliche Anforderungen stellen, könnte dagegen eine dualistische Fabrikplanung bzw. eine Aufgliederung des Unternehmens entsprechend den unterschiedlichen Geschäftsbereichen angemessener sein. In diesem Falle könnte beispielsweise ein (Teil des) Unternehmen(s) entsprechend einer tayloristisch-fordistischen Massenfertigung und der andere Teil als selbstregulierende Produktinseln organisiert sein (Theerkorn 1991).

Kapitel 7
Wie führe ich Teamarbeit erfolgreich ein?

Viele Versuche, Teamarbeit einzuführen, sind bereits in den ersten Anfängen gescheitert. Sei es am Widerstand des unteren und mittleren Managements, der indirekten Bereiche oder letztlich an der fehlenden Akzeptanz seitens der Mitarbeiter. Diese Erfahrungen lehren, dass Konzepte zum Misserfolg verurteilt sind, wenn sie von den Betroffenen nicht mitgetragen werden. Ähnlich wie Qualität nicht alleinige Aufgabe einer bestimmten Funktion sein kann, sondern von allen Prozessbeteiligten erzeugt werden muss, kann Teamarbeit nur durch die Mitwirkung der Betroffenen erfolgreich gestaltet werden. Hinzu kommt, dass Widerstände und Reibungsverluste durch widersprüchliche Anforderungen und Entwicklungstendenzen begünstigt werden. Typisch wäre zum Beispiel, dass Teamarbeit propagiert wird, aber trotzdem:

- die kooperative Zusammenarbeit durch die Führungskräfte blockiert wird,
- nur Einzelaufgaben verteilt werden,
- neue Mitglieder für ein Team eingestellt werden, die Teamarbeit ablehnen,
- bei Beförderungen Einzelkämpfer bevorzugt werden,
- keine Qualifizierungsmaßnahmen für Teams bewilligt werden,
- nur zentrale Steuerungssysteme und Planungsabteilungen ausgebaut werden,
- nur individuelle Leistungen und Erfolge entgeltrelevant sind,
- starre Arbeitszeitsysteme geforderte Flexibilität behindern,
- eine starre Funktionsteilung beibehalten wird.

Welche Konsequenzen ergeben sich daraus? Die Einführung von Gruppenarbeit darf sich nicht auf die Gestaltung einzelner Erfolgsfaktoren beschränken, wie sie in den vorangegangenen Kapiteln vorgestellt wurden. Vielmehr müssen diese in ein integratives Gesamtkonzept eingebunden werden, dessen Einzelkomponenten sich in ihrer Wirkung gegenseitig verstärken (vgl. folgende Abbildung). Nur so kann ein nachhaltig erfolgreiches Teamkonzept umgesetzt werden, das den spezifischen betrieblichen Anforderungen und den Interessen der Beteiligten gerecht wird.

Um die Entwicklung und Umsetzung der verschiedenen Maßnahmen und Systeme, sei es aus den Bereichen Personalentwicklung und -auswahl, Führung, Arbeitsorganisation und -struktur oder organisatorischen oder technischen Systemen, im Zuge der Einführung von Teamarbeit aufeinander abzustimmen, empfiehlt sich die Beteiligung aller betroffenen Personengruppen im Rahmen eines Organisationsentwicklungsprozesses.

Einführung von Teamarbeit als Organisationsentwicklungsprozess

Vier Aspekte sind bei der Gestaltung der Einführungsstrategie im Rahmen eines Organisationsentwicklungsansatzes zu beachten (Duell/Frei 1986; Frei u.a. 1993; Doppler/Lauterburg 1994):

- heuristisches, partizipatives Vorgehen,
- frühzeitige Information und Qualifizierung aller Betroffenen,
- Schaffung struktureller Voraussetzungen,
- Entwicklung günstiger Rahmenbedingungen.

Heuristisches, partizipatives Vorgehen

Bei der Einführung von Gruppenarbeit ist ein heuristisches und partizipatives Vorgehen sinnvoll. Dies bedeutet, dass auf die Übernahme von Patentlösungen anderer Firmen und Unternehmensberatungen verzichtet wird. Stattdessen wird ein betriebsspezifisches Gruppenarbeitskonzept und eine entsprechende Einführungsstrategie unter Beteiligung aller betroffenen Mitarbeiter und Gruppen zum Beispiel im Rahmen von Projektteams erarbeitet.

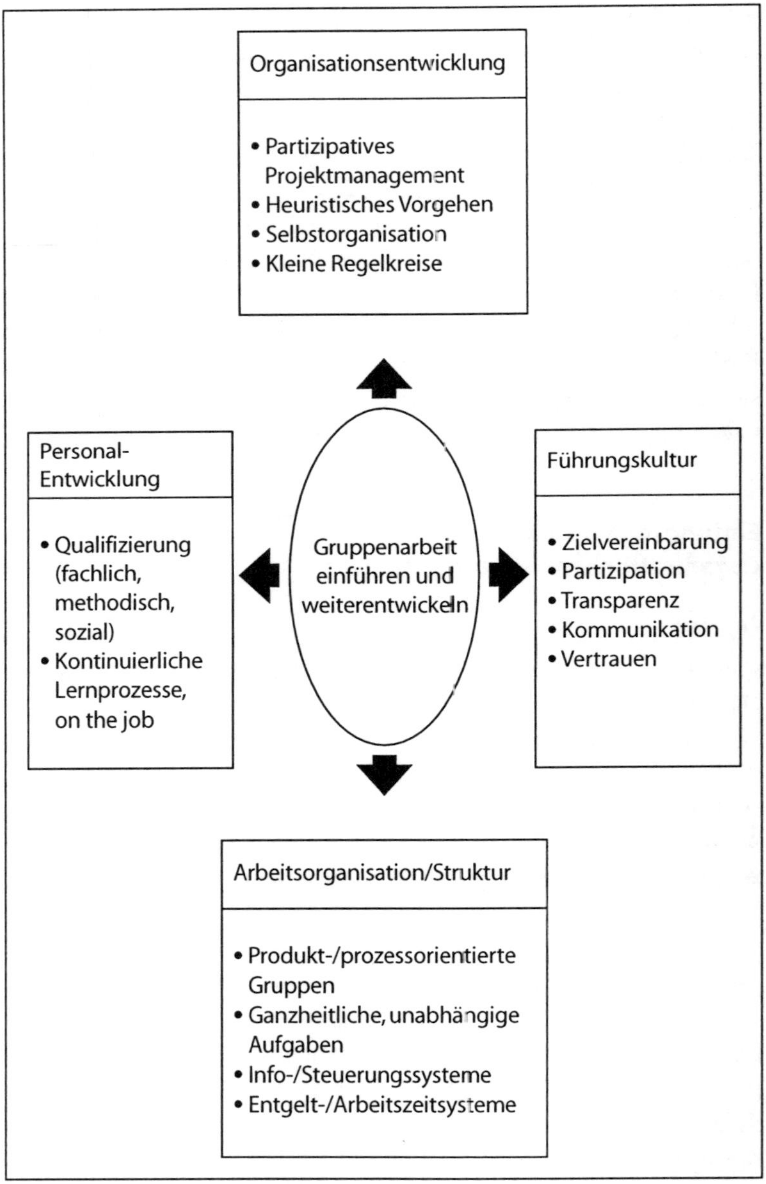

Integratives Konzept für die Einführung selbstregulierender Arbeitsgruppen

Hierbei ist ein top-down Vorgehen empfehlenswert, bei dem vom Topmanagement lediglich die Rahmenbedingungen der Gruppenarbeit festgelegt werden. Die Konzepterarbeitung und die konkreten Schritte zur Einführung eines Gruppenarbeitsmodells in einem Bereich erarbeiten dann die jeweiligen Bereichsführungskräfte unter sukzessiver Einbeziehung der Mitarbeiter. Die konkrete Ausgestaltung einer teilautonomen Gruppe erfolgt durch die Gruppenmitglieder selbst. Dieses Vorgehen ist zwar langwieriger und aufwändiger als die zentrale Planung und Ausarbeitung eines Gruppenarbeitskonzeptes, jedoch bietet es eine Reihe von Vorteilen, die zum nachhaltigen Erfolg der Teamarbeit wesentlich beitragen.

Die Vorteile der partizipativen Umsetzung von Gruppenarbeit liegen auf drei Ebenen:

- es können inhaltlich bessere Konzepte entwickelt werden, die für die betrieblichen Anforderungen maßgeschneidert sind,
- die Konzepte werden eher akzeptiert, damit erhöht sich ihre faktische Umsetzbarkeit,
- die Beteiligten qualifizieren sich im Projektverlauf durch ihre Mitwirkung für die neuen Anforderungen.

Diese Auswirkungen können im Einzelnen darauf zurückgeführt werden, dass durch die Partizipation (Locke/Schweiger 1979):

- sich der Informationsfluss in alle Richtungen verbessert,
- das vorhandene Wissen besser genutzt und integriert wird,
- mehr Kreativität freigesetzt wird,
- das Problemverständnis der Beteiligten wächst, da sie die Ziele, Arbeitsmethoden und Hintergründe von Entscheidungen besser kennen,
- weniger Widerstand gegenüber Veränderungen provoziert wird,
- das Vertrauen der Beteiligten wächst,
- die Mitarbeiter sehen, dass sie die Veränderungen beeinflussen können,
- die Mitarbeiter sich persönlich stärker engagieren und
- sich stärker mit dem Vorhaben und dem Betrieb identifizieren,
- ein größerer Gruppendruck entsteht,

- die gegenseitige Unterstützung der Mitarbeiter wächst,
- anspruchsvollere Ziele gesetzt werden,
- die Arbeitsmoral und Arbeitszufriedenheit zunimmt.

Auf diese Weise können schrittweise betriebs- bzw. bereichsspezifische Gruppenarbeits- und Einführungskonzepte entwickelt und in Pilotprojekten erprobt werden. Bei einer sofortigen flächendeckenden Einführung von Gruppenarbeit würden diese Lernchancen für alle Beteiligten, Mitarbeiter, Vorgesetzte und Betriebsrat vergeben werden. Die gesammelten Erfahrungen können dann für die Einführung von Teamarbeit in anderen Unternehmensbereichen genutzt werden. Selbst innerhalb eines Betriebs sei jedoch vor einer blinden Übertragung eines Konzeptes von einem Bereich auf den anderen gewarnt, da bei unterschiedlichen Gegebenheiten und Anforderungen ein Scheitern vorprogrammiert ist. Die Durchführung von Pilotprojekten bietet ferner die Chance, durch positive Ergebnisse vorhandene Skeptiker zu überzeugen. Nicht zuletzt ist bei einer stufenweisen Ausweitung der Gruppenarbeit in der Regel eine intensivere Betreuung der Gruppen möglich als bei einer sofortigen flächendeckenden Umstellung. Auf diese Weise können Probleme vermieden werden, sodass eine schrittweise Ausweitung letztlich auch schneller zum Ziel führen kann.

Frühzeitige Information und Qualifizierung aller Betroffenen

In vielen Unternehmen sind unzureichende und zu späte Information sowie mangelnde Qualifizierung Kritikpunkte von Mitarbeitern und Vorgesetzten, wenn Gruppenarbeit eingeführt wird. Dies ist darauf zurückzuführen, dass Mitarbeiter erst nach Abschluss der Planungen und Verhandlungen über die sie betreffende Veränderungen unterrichtet werden. Dies widerspricht einer der wichtigsten Grundregeln der Organisationsentwicklung, Mitarbeiter frühzeitig zu informieren und an der Maßnahmenplanung zu beteiligen, und auf diese Weise »Betroffene zu Beteiligten« zu machen (Becker/Langosch 1995). Entsprechend sollten Mitarbeiter und Führungskräfte frühzeitig über die geplante Einführung der Gruppenarbeit informiert, qualifiziert und an der Einführung beteiligt werden.

Den Schwerpunkt der Informations- und Qualifizierungsmaßnahmen sollten allerdings weniger externe Schulungsveranstaltungen bilden als vielmehr ein von den Betroffenen selbstverantwortetes und selbstgesteuertes Lernen in einem sozialen Kontext und ihre prozessimmanente Information und Qualifizierung im Rahmen der Mitarbeit von Projektgruppen oder Qualitätszirkeln.

Die Beteiligung der Betroffenen am Einführungsprozess etwa im Rahmen von Projektgruppen oder Qualitätszirkeln bietet eine hervorragende Möglichkeit, Information und Qualifizierung miteinander zu verbinden. Keine Hierarchieebene und keine Abteilung sollte hiervon ausgenommen werden: Management, betriebliche Vorgesetzte, Mitarbeiter direkter und indirekter Abteilungen sind einzubeziehen. Durch diese Qualifizierungsmaßnahmen können parallel zu strukturellen Veränderungen individuelle und soziale Lernprozesse initiiert werden, die Einstellungen und Erwartungen aller Beteiligten verändern, ihre fachlichen, methodischen und sozialen Fähigkeiten entwickeln, und auf diese Weise eine für den Erfolg der Gruppenarbeit erforderliche Rollenveränderung ermöglichen.

Als weiteres Beispiel für ein solches partizipatives Informations- und Qualifizierungskonzept kann der Lernstattansatz angeführt werden. In diesem Modell definieren die Betroffenen mit Hilfe eines entsprechend geschulten Moderators ihren Qualifizierungsbedarf selbst und erarbeiten sich, zum Teil durch Unterstützung entsprechender Experten, selbst die angestrebten Lerninhalte. Die Effektivität einer solchen Lernprojektgruppe kann durch ein fachliches, methodisches und soziales Coaching weiter gesteigert werden. Unternehmen, die bereits über langjährige Erfahrungen mit dem Lernstatt- oder Qualitätszirkelansatz verfügen, können solche Lernformen sicherlich leichter einsetzen als Unternehmen, die entsprechende Gruppen erst einrichten müssen. Darüber hinaus haben sie bereits im Vorfeld durch den Einsatz dieser Methoden die Entwicklung methodischer und sozialer Kompetenzen gefördert, die auch für die Arbeit in teilautonomen Arbeitsgruppen benötigt werden.

Die prozessimmanente Qualifizierung und das selbstgesteuerte Lernen vor Ort können dann durch weitere Qualifizierungsangebote, wie zum Beispiel fachliche Schulungen, Job-Rotation oder Team-Entwicklungstrainings nach Bedarf ergänzt werden. Mit der Einführung der Gruppenarbeit sollten diese Qualifizierungsmaßnahmen nicht abgeschlossen sein, sondern vielmehr als Beginn eines kontinuierlichen Entwicklungsprozesses angesehen werden.

Schaffung struktureller Voraussetzungen

Es empfiehlt sich, für die Steuerung des Einführungsprozesses eine entsprechende Projektstruktur mit einem verantwortlichen Auftraggeber, einem Lenkungsteam, einem Projektteam und einem Projektleiter einzurichten (vgl. folgende Abbildung). Allerdings sollte darauf geachtet werden, die Struktur so schlank wie möglich zu halten. In kleineren Unternehmen mag sogar ein Projektteam genügen, wenn die relevanten Entscheidungsträger darin aktiv gestaltend mitarbeiten können. Auftraggeber und Projektleiter können hier zusammenfallen. In größeren Unternehmen kann jedoch eine differenziertere Projektorganisation sinnvoll sein.

Beispielsweise wurden in einem nach Fertigungssegmenten gegliederten Unternehmen neben dem Lenkungs- und Projektteam auch Segmentteams gebildet, denen die Projektumsetzung in dem jeweiligen Segment übertragen wurde (vgl. unten stehende Abbildung). Teilprojektleiter sind die Segmentleiter, Projektleiter ist der Produktionsleiter, Auftraggeber der Werkleiter.

Aufgabe des *Lenkungsteams* ist es, grundlegende strategische Fragen zu entscheiden und Rahmenbedingungen festzulegen, insbesondere ob und in welchen Bereichen Gruppenarbeit eingeführt wird, welches Budget zur Verfügung steht, was die grundlegenden Anforderungen und Ziele der Gruppenarbeit sind. Ferner kontrolliert es den Fortschritt des Projektes und die Einhaltung der vereinbarten Rahmenbedingungen. Mitglieder im Lenkungsteam sind neben dem Werkleiter, der Personalleiter, der Betriebsratsvorsitzende und der Projektleiter.

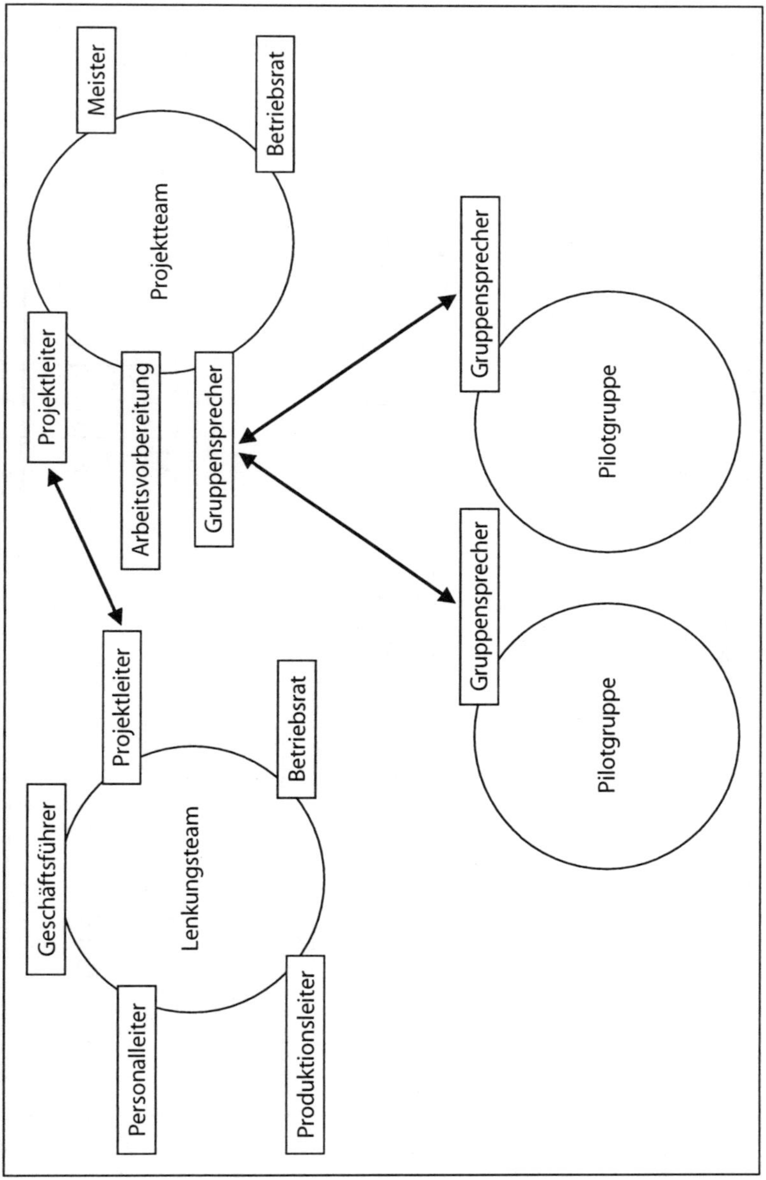

Projektorganisation bei der Einführung selbstregulierender Arbeitsgruppen

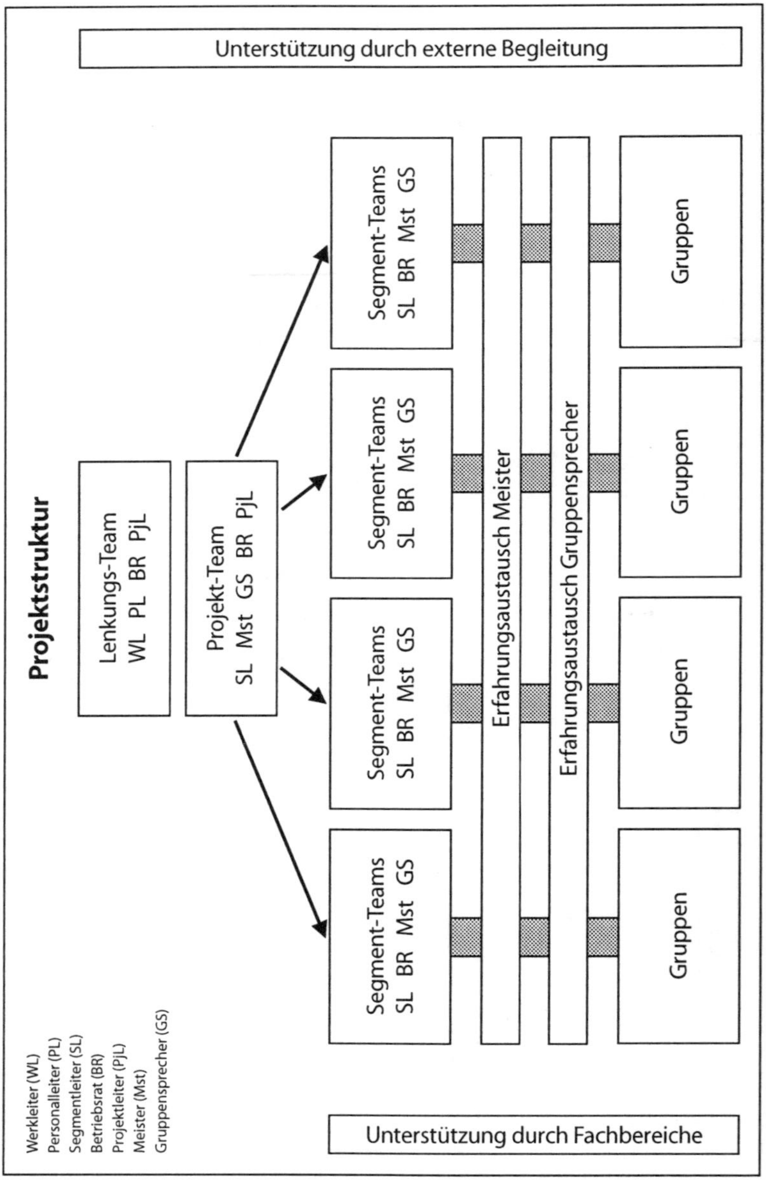

Projektstruktur bei der Einführung teilautonomer Arbeitsgruppen

Die Aufgabe des *Projektteams* ist es, die Rahmenbedingungen für die Einführung der Gruppenarbeit festzulegen, die Grundzüge des Gruppenarbeitskonzeptes zu erarbeiten und seine partizipative Entwicklung, Umsetzung und Weiterentwicklung zu steuern. Mitglieder des Projektteams sind der Projektleiter und die Leiter der Segmentteams, Vertreter der Meister und Gruppensprecher aus jedem Segment und des Betriebsrats.

Die *Segmentteams* übernehmen als *Teilprojektteams* die Projektausgestaltung und -steuerung für die einzelnen Fertigungssegmente. Auf diese Weise ist sichergestellt, dass die jeweiligen Segmentleiter als Produktionsverantwortliche auch die Verantwortung für die Einführung und Weiterentwicklung der Teamarbeit tragen und daran gemessen werden, inwieweit sie ihre diesbezüglichen Ziele erreichen. Mitglieder des Segmentteams sind neben dem Segmentleiter die Meister, Gruppensprecher und ein Vertreter des Betriebsrats des betreffenden Fertigungssegments.

Da die Einführung von Gruppenarbeit viele Mitbestimmungsrechte des Betriebsrates berührt, muss er frühzeitig informiert und eingebunden werden. Am besten kann dies geschehen, wenn er im Lenkungsteam, im Projektteam und in den Subteams mitarbeitet. Wichtiger als die Beachtung rechtlicher Mitbestimmungsrechte ist jedoch die Signalwirkung der konstruktiven Zusammenarbeit von Management und Betriebsrat. Auf diese Weise kann im Unternehmen demonstriert werden, dass Teamarbeit gewünscht ist und auch bei heiklen politischen Themen erfolgreich sein kann. Insbesondere für Mitarbeiter stellt die Haltung des Betriebsrates gegenüber der Teamarbeit eine wichtige Orientierung dar. Der Betriebsrat trägt somit entscheidend zur erfolgreichen Umsetzung der Teamarbeit bei. Durch das gemeinsame Ringen um Problemlösungen kann sich darüber hinaus eine neue Qualität in der Zusammenarbeit zwischen Management und Betriebsrat entwickeln, die es auch bei anderen Fragen ermöglicht, neue Wege zu beschreiten.

Eine weitere wesentliche Voraussetzung für eine erfolgreiche Einführung der Gruppenarbeit sind ausreichende personelle, materielle, finanzielle, zeitliche und räumliche Ressourcen für die Information und Qualifizierung der Mitarbeiter. An der Ressourcenfrage entscheidet sich häufig, wie ernst es der Unternehmensleitung mit der Einführung von Gruppenarbeit ist. Das Bewusstsein, dass zunächst Ressourcen bereitgestellt werden müssen, bevor Rationalisierungseffekte durch Gruppenarbeit eintreten können, scheint nicht immer vorzuliegen. Ähnliches gilt für die spätere Bereitstellung von Ressourcen, damit die Gruppen ihre Arbeit planen und steuern können.

Was die räumlichen Ressourcen anbelangt, empfiehlt es sich, ein gruppengerechtes Fertigungslayout zu schaffen, das es der Gruppe ermöglicht, im Raumverband sichtbar abgegrenzt von anderen Gruppenbereichen zusammenzuarbeiten. Die Arbeit im Raumverband setzt voraus, dass auch alle für die Arbeitsausführung notwendigen Maschinen und Anlagen räumlich zusammengeführt sind, wie es beispielsweise dem gruppentechnologischen Ansatz entspricht. Günstig ist ferner, wenn sich die Gruppenmitglieder sehen und sprechen sowie sich im Bedarfsfall sofort zur Hilfe kommen können. Darüber hinaus sollte die Gruppe auch Zugang zu einem nahe gelegenen Besprechungszimmer zur Durchführung der Gruppensitzungen haben, falls dies unmittelbar vor Ort nicht möglich ist. Der Informationsfluss, die gegenseitige Abstimmung und damit auch der Prozess der Gruppenfindung werden erheblich erschwert, wenn eine unmittelbare Kommunikation der Gruppenmitglieder nicht möglich ist.

Weitere strukturelle Voraussetzung für die Einführung von Gruppenarbeit ist, wie oben dargestellt, die Einrichtung gruppenarbeitsgerechter Planungs- und Steuerungs- sowie Arbeitszeit- und Entgeltsysteme.

Entwicklung günstiger Rahmenbedingungen

Die Einführung von Gruppenarbeit wirkt sich auf fast alle Bereiche eines Werkes bzw. eines Unternehmens aus, selbst wenn sie sich zunächst nur auf einige wenige Produktionsbereiche beschränkt. Teilautonome Arbeitsgruppen implizieren die Integration indirekter Aufgaben, die Delegation von Verantwortung und Kompetenzen und die Selbstregulation innerhalb des übertragenen Verantwortungsbereiches. Die dadurch ausgelösten Veränderungen in der

Aufbau- und Ablauforganisation und in den Informations- und Entscheidungsprozessen tangieren zahlreiche Interessen-, Macht- und Einflusssphären und führen zu Konflikten, die wiederum den Einführungsprozess und die Arbeit der Gruppen beeinflussen. Um diese Konflikte konstruktiv bewältigen zu können, ist es erforderlich, sie frühzeitig aufzudecken und beispielsweise im Rahmen von moderierten Workshops mit den Beteiligten zu bearbeiten.

Die Konflikte, die durch die Einführung der Gruppenarbeit ausgelöst werden, betreffen neben sachlichen Problemen, wie der Klärung von Schnittstellen, vor allem auch Machtfragen. Daher setzt eine Konfliktlösung voraus, dass die Unternehmensleitung das Konzept der Gruppenarbeit und die dadurch implizierten Prinzipien voll unterstützt und ihre Macht entsprechend zur Konfliktlösung einsetzt.

Eine erfolgreiche Gruppenarbeit setzt ferner voraus, dass sie nicht im ständigen Widerspruch zu den Arbeitsprinzipien und zur Führungskultur in den übrigen Unternehmensbereichen steht. Es liegt auf der Hand, dass Reibungsverluste zwischen Abteilungen und Bereichen verringert werden können, wenn diese nach ähnlichen Prinzipien aufgebaut sind und von einer gemeinsamen Philosophie getragen werden. Dies bedeutet, dass die Grundsätze der Delegation von Verantwortung und Kompetenzen, der Integration indirekter Aufgaben und der Selbstregulation innerhalb des übertragenen Verantwortungsbereiches nicht auf einen bestimmten (Produktions-)Bereich begrenzt werden können, sondern im gesamten Unternehmen eingeführt und auch im Einführungsprozess selbst angewandt werden müssen.

Dies würde auch die Einführung von Gruppenarbeit in Nicht-Produktionsbereichen nahe legen, wie zum Beispiel die Einrichtung von Verwaltungsinseln bzw. Kundenteams zur Auftragsabwicklung (Theerkorn 1991). Auch die Umstrukturierung der Produktion in Fertigungssegmente (Wildemann 1988) oder Einführung von Profit- oder Cost-Center kann als Schritt in diese Richtung aufgefasst werden, da auf Grund der damit verbundenen Dezentralisierung von Verantwortung und Kompetenzen und der produktorientierten Strukturierung der Organisation ähnliche Gestaltungsprinzipien wie in den Fertigungsinseln zur Anwendung kommen.

Die Vereinheitlichung bzw. Selbstähnlichkeit im Sinn von Warneckes Entwurf einer fraktalen Fabrik (Warnecke 1992) sollte jedoch nicht um ihrer selbst Willen durchgesetzt werden, unabhängig von den Anforderungen des Marktes oder den Wünschen der Mitarbeiter. Sehr unterschiedliche Marktanforderungen könnten stattdessen gegebenenfalls eine dualistische Fabrikplanung mit entsprechend unterschiedlichen Strukturen und Abläufen erfordern (Theerkorn 1991). Das hier vorgeschlagene heuristische, partizipative Vorgehen führt zu einer anforderungs- und problemgerechten Ausgestaltung und Erprobung von Strukturen und Abläufen. Dies setzt eine innovationsfreundliche Organisationskultur und eine hohe Lernbereitschaft bei allen Beteiligten voraus.

Phasen auf dem Weg zur Teamarbeit

Bei der Einführung von Teamarbeit im Rahmen eines Organisationsentwicklungsprozesses können sechs Phasen unterschieden werden:

- Sondierung und Start,
- Ist-Analyse,
- gemeinsame Vision schaffen und Ziele vereinbaren,
- Teamkonzept entwickeln,
- Teamarbeit umsetzen,
- Kontrolle und Weiterentwicklung der Teamarbeit.

Diese Phasen müssen im Rahmen eines Einführungsprozesses zum Teil mehrfach durchlaufen werden, etwa wenn sukzessive unterschiedliche Personengruppen eingebunden werden oder Erfahrungen im Einführungsprozess getroffene Entscheidungen in Frage stellen.

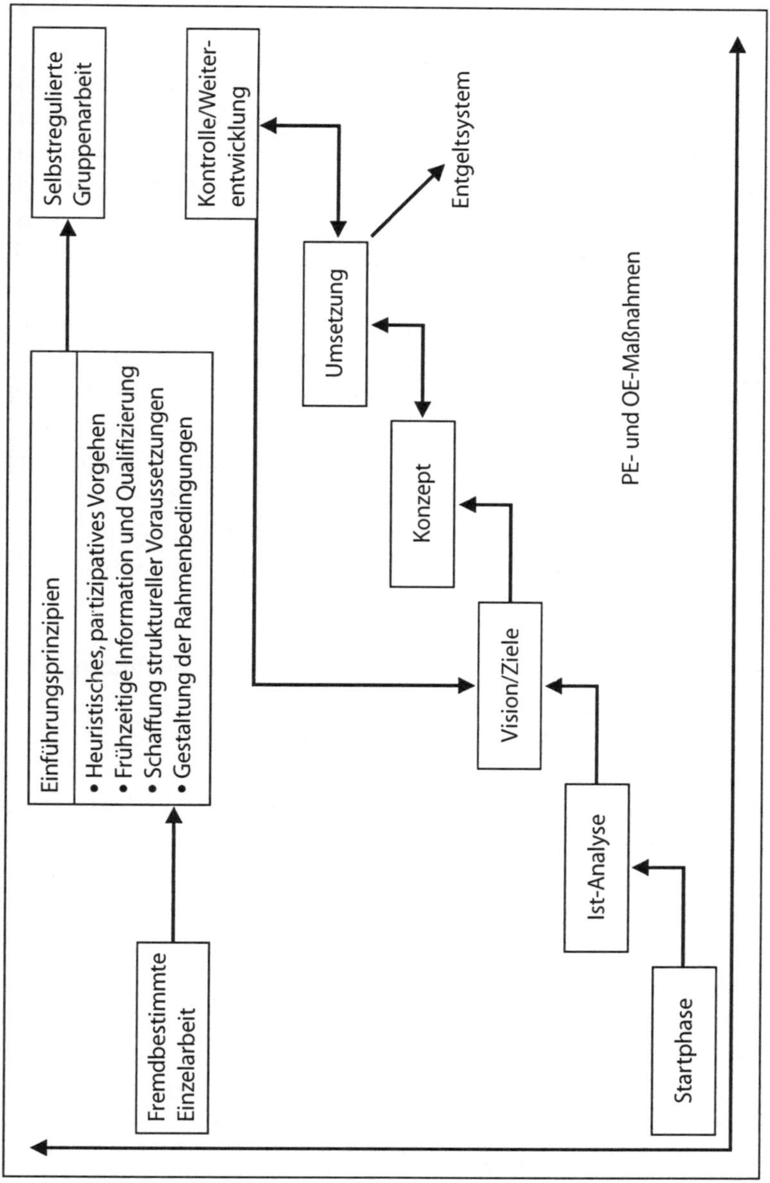

Phasen auf dem Weg zur Teamarbeit

Sondierungs- und Startphase

Dem formalen Auftrag bzw. Beschluss, Gruppenarbeit einzuführen, geht in Unternehmen meist eine Sondierung des Themas voraus. Wo sie ihren Ausgang nimmt, ist sehr unterschiedlich. In manchen Unternehmen äußert die Unternehmensleitung den Wunsch, Teamarbeit einzuführen, etwa weil sie durch Kongresse oder Kontakte mit anderen Unternehmen für das Thema interessiert wurde. In anderen Fällen wird das Thema durch das mittlere Management angestoßen. In dieser Phase empfiehlt es sich, Informationen über Gruppenarbeitsmodelle anderer Unternehmen einzuholen, am besten durch Besuche vor Ort, um einen unmittelbaren Eindruck zu bekommen und andere Informationen besser bewerten zu können.

Neben der externen Sondierung empfiehlt sich eine Sondierung innerhalb des Unternehmens. Hierfür ist eine Kraftfeldanalyse hilfreich, bei der versucht wird, unterstützende Faktoren und hemmende Faktoren zu identifizieren. Dazu könnten beispielsweise folgende Fragen gestellt werden:

- Welche Interessengruppen werden durch die Einführung von Teamarbeit tangiert?
- Wer gehört zu den potenziellen Unterstützern, wer zu den Gegnern?
- Wie können Personen oder Gruppierungen für die Einführung von Gruppenarbeit gewonnen werden?
- Welche Gegebenheiten im Unternehmen fördern, welche hemmen Teamarbeit?

Beispielsweise veranlassten in einem Unternehmen derartige Überlegungen den Leiter der Arbeitsvorbereitung dazu, die ersten Projekte zur Einführung von Gruppenarbeit in der Produktion ohne den Titel »Gruppenarbeit« durchzuführen. Es erschien aussichtsreicher, Mitarbeiter und Führungskräfte dadurch zu gewinnen, dass konkrete Probleme vor Ort identifiziert und an den Wurzeln angepackt wurden. Das Ergebnis war Gruppenarbeit, doch es wurde erst als solche publiziert, als die Erfolge für sich sprachen. Erst nachdem mehrere Teams erfolgreich arbeiteten, wurden auch die bewährten

Gestaltungsprinzipien und Vorgehensweisen in Betriebsvereinbarungen dokumentiert. In den meisten Unternehmen läuft dies genau umgekehrt: Erst werden Betriebsvereinbarungen zur gegenseitigen Absicherung vereinbart, dann wird die Einführung der Gruppenarbeit entsprechend den am grünen Tisch vereinbarten Regelungen erprobt.

Wenn die Klärung dieser Fragen zu dem Entschluss führt, Teamarbeit einzuführen, stellt sich die Frage, wer die Projektleitung übernimmt, wie das Projektteam zusammengesetzt ist und ob ein externer Berater hinzugezogen wird. Für den Projektleiter und den externen Berater ist es wiederum erforderlich, mit dem Auftraggeber zu klären, welche Ziele verfolgt werden, welche Ressourcen dafür zur Verfügung stehen und welche Rahmenbedingungen beachtet werden müssen. Auch sie sollten eine Kraftfeldanalyse durchführen, bevor sie das Projektteam zusammenstellen und das weitere Vorgehen festlegen. Das Ergebnis einer solchen Kraftfeldanalyse könnte auch sein, dass es notwendig ist, vor Projektstart eine Rahmenbetriebsvereinbarung abzuschließen. Da die genauen Anforderungen an das Teamkonzept zu diesem Zeitpunkt noch nicht bekannt sind, wäre es sinnvoll, wenn sich die Beteiligten auf einen Rahmen einigen könnten, der Spielräume eröffnet und insbesondere definiert, wie gemeinsame Regelungen vereinbart werden können.

Ist-Analyse

Nachdem sich das Projektteam konstituiert und sich über die Ziele und das grobe Vorgehen verständigt hat, sollte zunächst die Ausgangssituation und die Problemstellung in dem betreffenden Unternehmensbereich diagnostiziert werden. Erst dann sollte das Teamkonzept und die Einführungsstrategie erstellt werden. Durch eine solche Analyse kann geklärt werden, auf welche Aspekte bei der Gruppenbildung und -einführung besonders geachtet werden muss; inwieweit die Einführung selbstregulierender Gruppenarbeit zu einer Effektivitätssteigerung beitragen kann; ob die Einführung von Teamarbeit wirklich sinnvoll ist. Letztlich können nur auf der

Basis genauer Ausgangsdaten passende Teamkonzepte und realistische Zielsetzungen entwickelt und ein angemessenes Controlling durchgeführt werden.

Zu diesem Zweck sollten durch die Organisationsdiagnose die Stärken und Schwächen erfasst und analysiert werden von:

- den bestehenden Produktions- bzw. Dienstleistungsprozessen,
- den technischen und räumlichen Gegebenheiten,
- den organisatorischen Regelungen und Strukturen.

Daneben sollten die Erwartungen und Befürchtungen von Mitarbeitern und Vorgesetzten in Bezug auf die Einführung von Gruppenarbeit festgehalten und ebenfalls analysiert werden. Im Hinblick auf die Einführung selbstregulierender Arbeitsgruppen ist insbesondere zu beachten, wie effektiv die bestehende Organisationseinheit Veränderungen sowie innere bzw. von außen herangetragene Störungen und Probleme bewältigen kann. Beispiele hierfür wären schwankende Auftragseingänge, Veränderungen im bestellten Produktmix, Engpässe in Bezug auf Zulieferteile oder Material, Neuanläufe, Maschinenstörungen, Qualitätsprobleme oder unerwartete Ausfälle von Führungskräften und Mitarbeitern.

Die Durchführung einer Organisationsdiagnose hat neben der Datenbeschaffung für die Planung der weiteren Vorgehensweise eine wichtige Motivationsfunktion. Indem alle Betroffenen beteiligt sind und befragt werden, wird von Anfang an signalisiert, dass auf ihre Probleme eingegangen wird und ihre Wünsche und Erwartungen berücksichtigt werden. Darüber hinaus wird durch das Aufzeigen von Problemen der gegenwärtigen Situation und von ungenutzten Entwicklungspotenzialen, die Bereitschaft geweckt bzw. gestärkt, sich auf einen Veränderungsprozess einzulassen (Frei u.a. 1993).

In einem Betrieb wurde die Ist-Analyse beispielsweise so durchgeführt, dass alle Mitarbeiter des Bereichs Stanzerei, in dem Gruppenarbeit eingeführt werden sollte, im Rahmen von Schichtgruppentreffen bestehende Probleme aus ihrer Sicht mittels einer Kartenabfrage sammelten und zu Schwerpunkten gruppierten und ihre Erwartungen an die Einführung von Gruppenarbeit formulierten.

Parallel wurden die wirtschaftlichen Kennzahlen der Ausgangssituation (zum Beispiel Gemeinkosten, Leistungsstand, Qualitätszahlen, Durchlaufzeiten) durch die Führungskräfte und Fachabteilungen analysiert und dokumentiert sowie die von den Mitarbeitern erarbeitete Problemlandschaft und formulierten Erwartungen aus ihrer Sicht ergänzt.

Gemeinsame Vision schaffen und Ziele vereinbaren

Mithilfe der Ergebnisse der Organisationsdiagnose können im nächsten Schritt die Anforderungen an das Konzept der Teamarbeit konkretisiert und Ziele für die Einführung der Teamarbeit abgeleitet werden. Neben der Formulierung von Zielen für die Teamarbeit, wie zum Beispiel der selbstständigen Arbeitseinteilung oder der Urlaubsplanung im Rahmen der betrieblichen Vorgaben, ist es hilfreich, eine gemeinsame Vision zu entwerfen, wie künftig zusammengearbeitet werden soll. Damit ist gemeint, dass die verschiedenen Ziele zu einem plastischen Bild verknüpft werden, das die künftige Arbeitsform symbolisiert und die Beteiligten motiviert, darauf hinzuarbeiten.

Bereits mit der Klärung der Ziele sollten die Kriterien für den Erfolg und die Art ihrer Messung bzw. Beurteilung vereinbart werden. Dies ist die Voraussetzung, um später beurteilen zu können, wie gut die Umsetzung der Teamarbeit voranschreitet und wie erfolgreich sie ist. Neben dem Bewertungsaspekt wird damit auch die Voraussetzung für eine effektive Unterstützung der Teamarbeit geschaffen.

In dem oben genannten Beispiel entwarf der Leiter der Stanzerei vor dem Hintergrund der Ausgangssituation, die u.a. durch hohe Durchlaufzeiten (12 bis 15 Tage), Lagerfertigung und ständige Fertigungsplanänderungen geprägt war, seine Vision einer flexiblen Blechteilefertigung, die ohne große Investitionen in neue Anlagen durch eine flexible Mannschaft zur Direktanlieferung der Teile an die Montagelinien innerhalb eines Tages fähig ist. Als Ziele für Teamarbeit wurde unter anderem mit den Mitarbeitern vereinbart, dass notwendige Produktivitätssteigerungen nicht wie seit Jahrzehnten üblich durch Kürzung der Vorgabezeiten im hundertstel Sekundenbereich erreicht werden sollten. Man einigte sich darauf, dies durch Ablaufoptimierung, die Integration indirekter Funktionen, wie Qualitätssicherung, Fertigungsplanung und Instandhaltung und durch fachliche und zeitliche Flexibilisierung der Teammitglieder zu erreichen.

Teamkonzept entwickeln

Auf der Grundlage der gemeinsamen Vision und der vereinbarten Ziele kann nun das Teamkonzept erarbeitet werden. Das Projektteam sollte hier eine treibende Kraft spielen, aber nicht alles alleine machen. Selbst wenn Führungskräfte und Mitarbeiter des betroffenen Bereichs im Projektteam vertreten sind, können Teilaufgaben häufig an Arbeitsgruppen vergeben werden, die weiteren Mitarbeitern und Führungskräften Mitwirkungsmöglichkeiten eröffnen. Auch die Mitarbeit von Fachabteilungen ist in solchen Arbeitsgruppen gefordert. Beispielsweise kann in einer Arbeitsgruppe von Personalabteilung, Betriebsrat und Führungskräften des Bereichs die Arbeit an einem teamförderlichen Entgeltkonzept aufgenommen werden, sobald die Aufgaben, die das Team bearbeiten soll, geklärt sind.

In dem genannten Beispiel wurden Einzelaspekte des Teamkonzeptes in mehreren Arbeitsgruppen erarbeitet, deren Zusammensetzung sich nach fachlicher Expertise und Interesse für das Thema richtete und an denen zum Teil Mitarbeiter, Führungskräfte und Vertreter von Fachabteilungen zusammenarbeiteten. Die Arbeitsgruppen wurden durch das Projektteam koordiniert, das die Einzelergebnisse in ein Gesamtkonzept integrierte. Die Mitarbeiter wurden über Zwischenergebnisse im Rahmen von Schichtgruppentreffen informiert, die durch die gewählten Vertreter der Mitarbeiter im Projektteam moderiert wurden. Analog wurden das Management und das Lenkungsteam über den Projektstand durch die Projektleitung informiert.

Teamarbeit umsetzen

Die Umsetzung der Teamarbeit kann nur durch die Teams selbst und durch die betreffenden Führungskräfte erfolgen. Dem Projektteam kommt hier nur noch eine unterstützende, koordinierende und kontrollierende Funktion zu. Die Umsetzung von Gruppenarbeit kann in der Regel nur schrittweise erfolgen, um eine Überforderung der Teams und ihres Umfeldes zu vermeiden. Das Tempo richtet sich im Wesentlichen danach, wie schnell die Qualifizierung und damit die Entwicklung der konkreten Handlungskompetenzen der Teammitglieder und der Führungskräfte voranschreiten.

Hier ist die Umsetzung der oben angesprochenen Personalentwicklungsmaßnahmen für Teammitglieder, Gruppensprecher, Führungskräfte und andere Personen im Umfeld der Gruppe gefordert. Dabei gilt es, um Reibungsverluste zu vermeiden und Synergien zu fördern, neben diesen auf einzelne Personen zielenden Schulungen, auch das Team in seiner Entwicklung und in seiner Zusammenarbeit mit seinem Umfeld zu unterstützen. Abgestimmt auf diesen Entwicklungsprozess sind die Führungskräfte und die Fachfunktionen gefordert, neue Aufgaben an die Teams zu übertragen, diese bei deren Übernahme zu unterstützen und die entsprechenden technischen und organisatorischen Voraussetzungen zu schaffen.

In manchen Fällen stellt dies die eigentliche Ursache für die schleppende Umsetzung von Gruppenarbeit dar. In dem genannten Beispiel dauerte es fast ein Jahr, bis die zuständige Fachabteilung ein Barcode-Lesegerät installierte, damit die Gruppe die Prüfung und Freigabe von Teilen selbst übernehmen konnte. Auslöser für die schnelle Reaktion nach knapp einem Jahr war die Präsentation der Gruppe vor der Werkleitung, bei der die Erfolge und Misserfolge und deren Ursachen vorgestellt wurden.

Kontrolle und Weiterentwicklung der Teamarbeit

Da die Umsetzung der Teamarbeit schrittweise erfolgt, sollten ihr Fortschritt, ihre Ausgestaltung und die Vorgehensweise bei der Einführung auch kontinuierlich geprüft werden. Daraus können dann notwendige Unterstützungsmaßnahmen oder Konzeptanpassungen abgeleitet werden. In erster Linie ist dies Aufgabe der jeweiligen Teams und deren Führungskräfte. Es empfiehlt sich aber, die Einführungsphase als mehrjährigen Prozess zu definieren und damit dem Projekt- und Lenkungsteam über einen längeren Zeitraum zusätzliche Controlling- und Unterstützungsfunktionen zu übertragen. Erst wenn Teamarbeit wirklich Bestandteil der Unternehmenskultur geworden ist, können diese Gremien aufgelöst und ihre Funktionen in die regulären Führungsinstitutionen übertragen werden.

In dem Beispiel wäre die Einführung der Gruppenarbeit ohne feste Berichtstermine des Projektteams vor der Werkleitung und dem Betriebsrat vermutlich ein Opfer der Verschleppungstaktik von Fachabteilungen geworden, die ihren Einfluss und ihre Zuständigkeiten mit allen erdenklichen Mitteln verteidigten.

Zum Abschluss dieser Ausführungen lässt sich festhalten, dass es keinen einzigen besten Weg zur Einführung von Gruppenarbeit und keine Erfolgsgarantie dafür gibt. Die genannten Gestaltungsprinzipien sollen sicherstellen, dass aufeinander abgestimmt strukturelle Veränderungen durchgeführt und individuelle Einstellungen und Kompetenzen entwickelt werden. Dies steigert zumindest jedoch die Wahrscheinlichkeit, dass ein nachhaltig erfolgreiches Teamkonzept entwickelt und umgesetzt werden kann.

Kapitel 8
Was kommt nach der Einführung von Teamarbeit?

Die häufig gestellte pauschale Frage, was nach der Einführung von Teamarbeit kommt, zielt in der Regel nicht auf konkrete unternehmensbezogene Weiterentwicklungen des Teamkonzeptes, sondern auf sich abzeichnende Managementtrends.

Jeder Trend oder jede Modewelle erreicht irgendwann den Höhepunkt und verliert dann an Bedeutung. Dies gilt ebenso für Managementkonzepte wie Lean Management, Total Quality Management, Business Process Reengineering und damit auch für Teamarbeit. Wenn ein Thema in der öffentlichen Diskussion an Bedeutung verliert, impliziert dies jedoch noch nicht automatisch, dass dies auch in der betrieblichen Praxis der Fall ist. Jedoch birgt die Gruppenarbeitseuphorie, die seit Anfang der Neunzigerjahre in deutschen Unternehmen festzustellen ist, die Gefahr in sich, dass Teamkonzepte ohne vorherige Prüfung und Abstimmung auf die betrieblichen Anforderungen eingeführt werden. Die Wahrscheinlichkeit, dass derartige Versuche scheitern, ist groß. Allerdings ist kaum damit zu rechnen, dass diese Misserfolge schnell publik gemacht werden. Solange Gruppenarbeit als die moderne Form der Arbeitsorganisation angesehen wird, könnten Unternehmen, die nicht in der Lage waren, Gruppenarbeit einzuführen, als wenig fortschrittlich betrachtet werden. Dies gilt insbesondere für Unternehmen, die öffentlich die flächendeckende Einführung von Teamarbeit als Zielsetzung verkünden und sich auf diese Weise öffentlich in die Pflicht nehmen. Selbst innerhalb von Unternehmen wird dann zum Teil die erfolgreiche Einführung von Gruppenarbeit gemeldet, obwohl der Begriff lediglich »auf dem Papier steht« (Waidelich/Scheurer 1994).

Die faktische Beibehaltung des Status quo ist häufig auch Folge verdeckter Widerstände gegen die Einführung von Gruppenarbeit: Nach außen wird die erfolgreiche Einführung gemeldet, obwohl sich tatsächlich nichts geändert hat. Man hofft, das Thema »aussitzen« zu können, bis es nicht mehr auf der Tagesordnung steht. Sobald einzelne Misserfolge andernorts bekannt werden, können Belege für die Untauglichkeit des Konzeptes präsentiert werden. Es erscheint daher nicht unwahrscheinlich, dass die gegenwärtige euphorische Stimmung auch wieder schnell umschlagen kann. Dann werden viele zurückgehaltenen Probleme zu Tage gefördert, ohne deren Ursachen zu diesem Zeitpunkt genauer zu betrachten. Dies könnte dazu führen, dass Teamkonzepte pauschal in Misskredit gebracht und dann ähnlich wie in den Siebzigerjahren als »unbrauchbar« zu den Akten gelegt werden.

Eine negative Färbung wird Gruppenarbeit vor allem erhalten, wenn sie als sozialer Kompromiss propagiert, aber unter diesem Deckmantel lediglich versucht wird, Arbeitsintensivierungen und Lohnkürzungen durchzusetzen, ohne sich um wirkliche arbeitsorganisatorische Alternativen zur Produktivitätsverbesserung zu bemühen. Ein solches »Mean Management« (Babson 1993) verbraucht langfristig den Begriff der Gruppenarbeit, sodass auch bei Ansätzen qualifizierender Arbeitsgestaltung (Frei u.a. 1993) die Beschäftigten kaum mehr für Teamarbeit gewonnen werden können, da sie damit Leistungsverdichtung und Arbeitsplatzabbau assoziieren.

Aus diesem Grund kann es als eine wichtige Aufgabe angesehen werden, unterschiedliche Konzepte und Einführungsstrategien von Gruppenarbeit und deren ökonomische und soziale Auswirkungen zu differenzieren und zu analysieren. Auf diese Weise kann die Diskussion um Teamarbeit entideologisiert und ein Beitrag zu einer anforderungsbezogeneren Entwicklung und Umsetzung von Konzepten der Arbeitsorganisation geleistet werden. Dieses Buch versucht, hierzu einen Beitrag zu leisten und aufzuzeigen, dass selbstregulierende Arbeitsgruppen zwar keinen Königsweg zu mehr Produktivität und einer menschengerechteren Arbeit darstellen, aber in komplexer und dynamischer werdenden Märkten eine wertvolle Gestaltungsoption darstellen.

Literaturverzeichnis

Aguren, S./Edgren, J. (1980). New Factories. Stockholm: Swedish Employee Federation.

Alioth, A. (1980). Entwicklung und Einführung alternativer Arbeitsformen. Bern: Huber.

Alioth, A./Frei, F. (1990). Sozio-technische Systeme: Prinzipien und Vorgehensweisen. Organisationsentwicklung, 26-39.

Antoni, C. H. (1990). Qualitätszirkel als Modell partizipativer Gruppenarbeit. Analyse der Möglichkeiten und Grenzen aus der Sicht betroffener Mitarbeiter. Bern: Huber.

Antoni, C. H. (Hrsg.) (1994). Gruppenarbeit in Unternehmen – Konzepte, Erfahrungen, Perspektiven. Weinheim: Psychologie Verlags Union.

Antoni, C. H. (1995). Gruppenarbeit in Deutschland – eine Bestandsaufnahme. In K. J. Zink (Hrsg.). Erfolgreiche Konzepte der Gruppenarbeit (S. 23-37). Neuwied: Luchterhand.

Antoni, C. H. (1996). Teilautonome Arbeitsgruppen. Ein Königsweg zu mehr Produktivität und einer menschengerechten Arbeit? Weinheim: Psychologie Verlags Union.

Antoni, C. H./Eyer, E. (1993). Fertigungsinseln und Entgelt. Gestaltungen, Erfahrungen, Perspektiven. Personal, 45, 108-114.

Antoni, C. H./Eyer, E. (1997). Kunden- und prozessorientierte Arbeitsorganisation bei der YMOS AG. In Antoni, C.H./Eyer, E./Kutscher, J. (Hrsg.), Das flexible Unternehmen. Wiesbaden: Gabler.

Antoni, C. H/Eyer, E./Kutscher, J. (Hrsg.) (1996). Das flexible Unternehmen. Wiesbaden: Gabler.

Ashby, W. R. (1956). Introduction to Cybernetics. New York: Wiley.

AWF (Ausschuss für wirtschaftliche Fertigung e. V.). (1984). Flexible Fertigungsorganisation am Beispiel von Fertigungsinseln. Eschborn: AWF.

AWF-Arbeitskreis »Fertigungsinseln«. (1990a). Integrierte Fertigung von Teilefamilien. Band 1: Das Konzept Fertigungsinseln und seine Gestaltungskomponenten. Köln: TÜV Rheinland.

AWF-Arbeitskreis »Fertigungsinseln«. (1990b). Integrierte Fertigung von Teilefamilien. Band 2: Werkzeuge und Methoden zur Planung der Einführung von Fertigungsinseln. Köln: TÜV Rheinland.

Babson, S. (1993). Lean oder Mean? Die schlanke Produktion bei Mazda. In Lütje, B./Scherer, C. (Hrsg.), Jenseits des Sozialpakts (S. 65-80). Münster: Verlag Westfälisches Dampfboot.

Becker, H./Langosch, J. (1995). Produktivität und Menschlichkeit. Stuttgart: Enke.

Berggren, C. (1991). Von Ford zu Volvo. Automobilherstellung in Schweden. Berlin: Springer.

Binkelmann, P., Braczyk, H. & Seltz, R. (1993). Entwicklung der Gruppenarbeit in Deutschland. Frankfurt: Campus Verlag.

BMFT (Bundesminister für Forschung und Technologie). (1980). Gruppenarbeit in der Motorenmontage. Ein Vergleich von Arbeitsstrukturen. Frankfurt: Campus.

BMFT (Bundesminister für Forschung und Technologie). (1987). Neue Arbeitsstrukturen in der Elektroindustrie. Frankfurt: Campus.

Brödner, P. (1985). Alternative Entwicklungspfade in die Fabrik der Zukunft. Berlin: edition sigma.

Bungard, W. (1990). Team- und Kooperationsfähigkeit. In W. Sarges (Hrsg.), Management-Diagnostik (S. 315-325). Göttingen: Verlag für Angewandte Psychologie.

Bungard, W. (Hrsg). (1992). Qualitätszirkel in der Arbeitswelt. Ziele, Erfahrungen, Probleme. Stuttgart: Verlag für angewandte Psychologie.

Bungard, W./Antoni, C. H. (1993). Einsatzmöglichkeiten von Qualitätszirkeln im Verwaltungsbereich. In Geißler, K. A./Loos, W. (Hrsg.), Handbuch Personalentwicklung. Beraten – Trainieren – Qualifizieren. Abschnitt 8.1.8.1 (S. 1-20). Köln: Deutscher Wirtschaftsdienst.

Bungard, W./Wiendieck, G. (Hrsg). (1986). Qualitätszirkel als Instrument zeitgemäßer Betriebsführung. Landsberg: Verlag Moderne Industrie.

Büth, P. (1994). Erfahrungen mit der Einführung von Produktinseln in der BOGE GmbH. In C. H. Antoni (Hrsg.), Gruppenarbeit in Unternehmen – Konzepte, Erfahrungen, Perspektiven (S. 191-108). Weinheim: Psychologie Verlags Union.

Cummings, T. G. (1978). Self-Regulating Work-Groups: A Socio-technical Synthesis. Academy of Management Review, 3, 625-634.

Cummings, T. G. & Blumberg, M. (1987). Advanced Manufactoring Technology and Work Design. In T. D. Wall, C. W. Clegg & N. J. Kemp (Hrsg.), The Human Side of Advanced Manufacturing Technology (S. 37-60). Chichester: John Wiley & Sons.

DIN 69901. (1987). Projektwirtschaft. Berlin: Beuth Verlag GmbH.

Doppler, K./Lauterburg, L. (1994). Change Management. Den Unternehmenswandel gestalten. Frankfurt: Campus.

Duell, W./Alioth, G. (1986). Die veränderte Rolle der Meister. In W. Duell & F. Frei (Hrsg.), Arbeit gestalten – Mitarbeiter beteiligen (S. 152-159). Frankfurt/Main: Campus.

Duell, W./Frei, F. (1986). Leitfaden für qualifizierte Arbeitsgestaltung. Köln: TÜV Rheinland.

Emery, F. E. (1972). Characteristics of Socio-Technical Systems. In L. E. Davis & J. C. Taylor (Hrsg.), Design of Jobs (S. 177- 198). Harmondsworth: Penguin.

Emery, F./Thorsrud, E. (1982). Industrielle Demokratie – Bericht über das norwegische Programm der industriellen Demokratie. Bern, Stuttgart, Wien: Huber.

Becker, K.-D./Eyer, E. (1996). Grundlagen der Entgeltgestaltung bei Gruppenarbeit. In C. H. Antoni, E. Eyer & J. Kutscher (Hrsg.), Das flexible Unternehmen. Wiesbaden: Gabler.

Fisseni, H.-J./Fennekels, G. P. (1995). Das Assessmentcenter. Göttingen: Verlag für angewandte Psychologie.

Forster, J. (1978). Teams und Teamarbeit in der Unternehmung. Bern: Haupt.

Frei, F./Hugentobler, M./Alioth, A./Duell, W./Ruch, L. (1993). Die kompetente Organisation: Qualifizierende Arbeitsgestaltung – die europäische Alternative. Stuttgart: Schäffer-Poeschel.

Frese, M. (1978). Partialisierte Handlung und Kontrolle: Zwei Themen der industriellen Psychopathologie. In M. Frese, S. Greif & N. Semmer (Hrsg.), Industrielle Psychopathologie (S. 159-183). Bern: Huber.

Frese, M. (1980). Projektorganisation. In E. Grochla (Hrsg.), Handwörterbuch der Organisation (S. 1960-1974). Stuttgart: Pöschel.

Gaugler, E., Kolb, M. & Ling, B. (1977). Humanisierung der Arbeitswelt und Produktivität. Ludwigshafen: Kiehl.

Gulowsen, J. (1972). A Measure of Work-Group Autonomy. In L. E. Davis & J. C. Taylor (Hrsg.), Design of Jobs. Selected Readings (S. 374-390). Harmondsworth: Penguin Books.

Hacker, W. (1994). Arbeitsanalyse zur prospektiven Gestaltung von Gruppenarbeit. In: Antoni, C. H. (Hrsg.), Gruppenarbeit in Unternehmen – Konzepte, Erfahrungen, Perspektiven (S. 49-80). Weinheim: Psychologie Verlags Union.

Hacker, W. (1998). Allgemeine Arbeitspsychologie. Schriften zur Arbeitspsychologie, Bd. 58. Bern: Huber.

Hackman, J. R. (1970). Tasks and task performance in research on stress. In J. E. McGrath (Ed.), Social and Psychological Factors in Stress (S. 202-237). New York: Holt, Rinehart & Winston.

Hackman, J. R. (1987). The Design of Work Teams. In J. W. Lorsch (Ed.), Handbook of Organizational Behavior (S. 315-342). Englewood Cliffs, NJ: Prentice-Hall.

Hackman, J. R./Oldham, G. R. (1980). Work Redesign. Reading, MA: Addison Wesley.

Herzberg, F. (1966). Work and the nature of man. Cleveland, Ohio: World.

Herzberg, F., Mausner, B. & Snyderman, B. (1959). The motivation to work. New York: Wiley.

Imai, M. (1992). Kaizen. München: Langen-Müller.

Jürgens, U. (1997). Rolling back cycle times: The renaissance of the classic assembly line in final assembly. In K. Shimokawa, U. Jürgens & T. Fujimoto (Eds.), Transforming automobil assembly. Experience in automation and work organization (pp. 255-273). Berlin: Springer.

Jürgens, U., Malsch, T. & Dohse, K. (1989). Moderne Zeiten in der Automobilfabrik. Berlin: Springer.

Kieser, A. (1995). Die MIT-Studie zur Automobilindustrie, oder: Wie man eine Revolution anzettelt. In W. Bungard (Hrsg.), Lean Management (S. 37-51). Weinheim: Psychologie Verlags Union.

Kieser, A. & Kubicek. H. (1992). Organisation. 3. Auflage. Berlin: Walter De Gruyter.

Lang, R./Hellpach, W. (1922). Gruppenfabrikation. Berlin: Julius Springer.

Lattmann, C. (1972). Das norwegische Modell der selbstgesteuerten Arbeitsgruppe. Bern: Haupt.

Lewin, K. (1947). Frontiers in Group Dynamics. Human Relations, 1, 5-41, 143-153.

Likert, R. (1961). New patterns of management. New York: Mc Graw-Hill.

Likert, R. (1967). The human organization: Its management and value. New York: McGraw-Hill.

Locke, E. A./Latham, G. P. (1990). A theory of goal setting and task performance. Englewood Cliffs, NJ: Prentice Hall.

Locke, E. A./Schweiger, D. M. (1979). Participation in decision-making: one more look. In B. M. Staw (Ed.), Research in Organizational Behavior, Vol. I (S. 265-339). Greenwich: JAI Press.

Manz, C. C./Sims, P. R. (1987). Führung in selbststeuernden Gruppen. In A. Kieser, G. Reber & G. Wunderer (Hrsg.), Handwörterbuch der Führung (S. 1805-1823). Stuttgart: Poeschel.

Müller, K., Hallwachs, U., Schaal, H. & Schlund, M. (1992). Fertigungsinseln. Strukturierung der Produktion in dezentrale Verantwortungsbereiche. Ehningen: Expert Verlag.

Müller, H.-B./Lesser, W. (1996). Partizipative Einführung von Gruppenarbeit. Erfahrungen der Projektleitung. In C. H. Antoni, E. Eyer & J. Kutscher (Hrsg.), Das flexible Unternehmen. Wiesbaden: Gabler.

Noelle-Neumann, E./Strümpel, B. (1984). Macht Arbeit krank? Macht Arbeit glücklich? Eine moderne Kontroverse. München: Piper.

Nomura, M. (1992). Toyotismus am Ende? Zur Reorganisation der »schlanken Produktion« in der japanischen Autoindustrie. In Hans-Böckler-Stiftung & Industriegewerkschaft Metall (Hrsg.), Lean Production: Kern einer neuen Unternehmenskultur und einer innovativen und sozialen Arbeitsorganisation (S. 55-63). Baden- Baden: Nomos Verlagsgesellschaft.

Parker, M./Slaughter, J. (1988). Choosing sides. Unions and the team concept. Boston: South End Press.

Roethlisberger, F. J. & Dickson, W. J. (1939). Management and the worker. Cambridge, Mass.: Harvard University Press.

Rohmert, W./Weg, F. J. (1976). Organisation teilautonomer Gruppenarbeit: Betriebliche Projekte – Leitregeln zur Gestaltung, Bd.1. In RKW (Hrsg.), Beiträge zur Arbeitswissenschaft, Reihe I, Bd. 1 (S. 12-13). München, Wien: Carl Hanser.

Rosenstiel, L. v. (1993). Kommunikation und Führung in Arbeitsgruppen. In H. Schuler (Hrsg.), Lehrbuch der Organisationspsychologie (S. 321-353). Bern: Huber.

Rosenstiel, L. v./Stengel, M. (1987). Identifikationskrise? Zum Engagement in betrieblichen Führungspositionen. Bern: Huber.

Schlund, M. (1994). Organisations- und Personalentwicklung für Produktionsinseln am Beispiel eines mittelständischen Unternehmens – Ein Erfahrungsbericht. In C. H. Antoni (Hrsg.), Gruppenarbeit in Unternehmen – Konzepte, Erfahrungen, Perspektiven (S. 139-171). Weinheim: Psychologie Verlags Union.

Schuler, H. (1998). Psychologische Personalauswahl. Göttingen: Verlag für angewandte Psychologie.

Springer, R. (1999). Rückkehr zum Taylorismus? Arbeitspolitik in der Automobilindustrie am Scheideweg. Frankfurt: Campus.

Stroebe, W., Hewstone, M. & Stephenson, G.M. (Hrsg.). (1996). Sozialpsychologie. Berlin: Springer.

Susman, G. I. (1976). Autonomy at work: A sociotechnical analysis of participative management. New York: Praeger.

Tannenbaum, R. & Schmidt, W. H. (1958). How to choose a leadership pattern. Harvard Business Review, 36 Nr. 2, S. 95-101.

Theerkorn, U. (Ed.) (1991). Ein Betrieb denkt um. Dualistische Fabrikplanung. Berlin: Springer.

Trist, E. L. (1990). Sozio-technische Systeme: Ursprünge und Konzepte. Organisationsentwicklung, 8, 10-26.

Tuckman, B. W. (1965). Developmental sequence in small groups. Psychological Bulletin, 63, S. 384-399.

Ulich, E. (1983b). Alternative Arbeitsstrukturen – dargestellt am Beispiel der Automobilproduktion. Zeitschrift für Arbeits- und Organisationspsychologie, 27 (N.F. 1), 70-78.

Ulich, E. (1994). Arbeitspsychologie. Stuttgart: Poeschel.

Ulich, E., Conrad-Betschart, H. & Baitsch, C. (1989). Arbeitsform mit Zukunft: ganzheitlich-flexibel statt arbeitsteilig. Bern: Lang.

Wagner, D./Schumann, R. (1991). Die Produktinsel. Leitfaden zur Einführung einer effizienten Produktion in Zulieferbetrieben. Köln: TÜV Rheinland.

Waidelich, U./Scheurer, S. (1994). Gruppenarbeit – Die Inflation eines Begriffs. Ein empirischer Vergleich der Auswirkungen unterschiedlicher Arbeitsstrukturen. In C. H. Antoni (Hrsg.), Gruppenarbeit in Unternehmen – Konzepte, Erfahrungen, Perspektiven (S. 268-284). Weinheim: Psychologie Verlags Union.

Warnecke, H. J. (1992). Die Fraktale Fabrik – Revolution der Unternehmenskultur. Berlin: Springer.

Warnecke, H. J./Hüser, M. (1992). Lean Production – Eine kritische Würdigung. Angewandte Arbeitswissenschaft, Nr. 131, 1-26.

Weltz, F. (1988). Die doppelte Wirklichkeit der Unternehmen und ihre Konsequenzen für die Industriesoziologie. Soziale Welt, 1, 97-103.

Wildemann, H. (Hrsg). (1988). Die modulare Fabrik. Kundennahe Produktion durch Fertigungssegmentierung. München: gfmt.

Wölm, J./Rolf, A. (1991). Zur Geschichte der Gruppenarbeit. In H. Oberquelle (Hrsg.), Kooperative Arbeit und Computerunterstützung – Stand und Perspektiven (S. 129-147). Stuttgart: Verlag für angewandte Psychologie.

Womack, J. P., Jones, D. T. & Roos, D. (1991). Die zweite Revolution in der Automobilindustrie. Frankfurt: Campus.

Zink, K. J. (Hrsg.) (1994). Qualität als Managementaufgabe. Landsberg: Verlag Moderne Industrie.

Zink, K. J. (Hrsg.) (1995). Erfolgreiche Konzepte zur Gruppenarbeit. Neuwied: Luchterhand.

Zink, K. J./Schick, G. (1984). Quality Circles. Problemlösegruppen. Qualitätsförderung durch Mitarbeitermotivation. München: Hanser.

Stichwortregister

Abhängigkeit, technische 39
Akkordlohn 46
Aktionsplan 136
Anforderungsvielfalt 110
Arbeitsanalyse 115
Arbeitsaufgabe 19
Arbeitsaufgabe, gemeinsame 20, 23
Arbeitsauftrag 19, 21, 22, 27, 36
Arbeitsbelastung 60
Arbeitsbereicherung 43, 46, 113
Arbeitserweiterung 43, 45, 46, 57, 113
Arbeitsgestaltung 42, 107, 113
Arbeitsgestaltung, menschengerechte 9
Arbeitsgruppe 19
Arbeitsgruppe, klassische 25, 27, 38
Arbeitsgruppe, selbstregulierende 44, 70, 117, 139
Arbeitsgruppe, teilautonome 10, 11, 18, 25, 27, 37, 39, 42, 43, 44, 46, 53, 54, 56, 77, 88, 161, 162, 186
Arbeitsgruppen, selbstregulierende 180
Arbeitsmotivation 111
Arbeitsteilung 14, 46, 56, 57, 86, 108
Arbeitsteilung, tayloristische 39
Arbeitsvorbereitung 38, 46, 88
Arbeitszeiten 46
Arbeitszeitsystem, flexibles 156
Arbeitszufriedenheit 111
Arbeitsgruppe, teilautonome 174
Assessmentcenter 115
Autonomie 53, 77, 102, 106, 110, 111, 113
Autonomiegrad 53
Boxenfertigung 57
BuPiness process Reengineering 185
CIM 15
CIP 34
Coach 57, 80, 83, 86
Coaching 83, 131, 169
Computer-Integrierte Fertigung 15
Dezentralisierung 16
Effizienz, betriebliche 11
Entgeltsystem 143, 145, 150, 151, 154
Entscheidungsspielraum 37, 109
Entscheidungsstruktur, dezentrale 34
Fabrik, fraktale 162
Feedback 102, 111
Fertigungseinheit 161
Fertigungsinsel 18, 51, 57, 150
Fertigungssegment 18, 161, 162, 175
Fertigungssegmentierung 161
Fertigungssteuerung 38, 64
Fertigungssysteme, flexible 70
Fertigungsteam 25, 27, 39, 56
Flexibilität 43
Flexibilität, personelle 39
Fraktale 162
Freiheitsgrad 46
Freiheitsgrade 57
Führung 106
Führung, partizipative 87
Führung, partizipative 48
Führung, zielorientierte 75, 82, 85, 88, 95
Führungskräftetraining 131
Führungspyramide 76
Führungsstruktur 57
Führungsstruktur, betriebliche 78
Führungsverhalten 80, 105
Funktionsintegration 16, 34, 46
Funktionsteilung 15, 33, 38
Ganzheitlichkeit 102, 110
Global sourcing 14
Gruppenarbeit 19, 69
Gruppenarbeit, traditionelle 70
Gruppenfabrikation 10
Gruppenfertigung 10, 18

Gruppengröße 21, 81, 102
Gruppenleiter 81
Gruppensprecher 48, 50, 51, 52, 57, 87, 88
Gruppenzusatzprämie 151, 152
Handlungsspielraum 37, 38, 44, 45, 79, 104, 105, 109
Humanisierung der Arbeitswelt 17, 43
Informationssystem 139
Instandhaltung 50, 54
Intranet 141
JIT 57
Job Enlargement 43, 45
Job Enrichment 43, 46
Job Rotation 43, 44
Kaizen 12, 34, 41, 57, 58, 80, 84
Käufermarkt 13, 16, 70
Kohäsion 20, 21, 23
Kompetenz, methodische 80, 121
Kompetenz, soziale 104, 115, 121
Konflikt 175
Konflikte 51
Kontrolle 16, 46, 57, 75, 77, 106, 109, 110, 111
Kooperation 20, 21, 23, 111
Kooperationsanforderung 106
Koordination 50
Koordinator 29, 33
Kraftfeldanalyse 178, 179
Kriterien humaner Arbeit 59
Kundenanforderung 14
Kundenorientierung 14
Kundenteam 18, 175
KVP-Gruppe 18
Lean Management 34, 185
Lean Production 12, 56, 59
Leistungsbeurteilung 86
Leistungsdruck 41
Leistungsverdichtung 186
Leistungszulage 154
Lenkungsteam 170
Lernen, selbstgesteuertes 170
Lernstatt 30, 169
Lernstatt-Gruppe 18
Logistik 38, 50
Management by Objectives 75, 92
Managementkonzept 13, 185
Managementkonzept, alternative 13
Matrixorganisation 159
Meisterbereich 58
Mitarbeiterbeteiligung 34
Moderation 29
Moderator 33, 50, 51
Motivation 41, 42
Motivation, extrinsische 108
Motivation, instrinsische 108
Nutzungsprämie 145
Organisation, dezentrale 16
Organisationsdiagnose 181
Organisationsentwicklung 168
Organisationsentwicklungsprozess 165, 176
Organisationsgestaltung, prozessorientierte 159, 160
Partizipation 57
Personalentwicklung 117, 132
Personalführung 86
Personalkapazität 155
Personalkosten 42
Polyvalenzlohnsystem 144
Primäraufgabe 64
Produktionssystem, japanisches 41
Produktivität 42, 59, 105, 186
Produktivität, höhere 42
Produktivitätskennziffer 152
Projektgruppe 11, 18, 25, 27, 30, 35, 36, 37, 79, 86, 117, 169
Projektgruppen 34
Projektmanagement 36
Projektorganisation 27, 36, 37
Projektteam 18, 77, 173, 182
Prozessbegleiter 83
Prozessberater 83
Qualifikation, polyvalente 45, 58
Qualifikationsmatrix 119, 120, 140
Qualifizierung 45, 52, 106, 114, 169
Qualifizierung, prozessimmanente 170
Qualifizierungsmaßnahme 117, 119, 169
Qualität 42, 48, 59
Qualitätssicherung 23, 27, 38, 46, 50, 58, 64, 109
Qualitätsverbesserungsprämie 152
Qualitätszirkel 11, 18, 22, 25, 27, 28, 29, 30, 31, 34, 35, 37, 169

Rationalisierungsansatz 147
Rationalisierungseffekt 9
Rationalisierungsprämie 148
Regulationsprozesse 83
Rotationsverfahren 52
Rückmeldung 82
Schulungsmaßnahme 121, 128
Segmentteam 173
Sekundäraufgaben 64
Selbstoptimierung 162
Selbstorganisation 162
Selbstregulation 16, 37, 46, 51, 53, 54, 56, 58, 67, 75, 77, 82, 87, 106, 114, 174, 175
Selbststeuerung 69
Serviceteam 18
Steuerkreis 33
Steuerungssystem 139
Strukturmerkmale 87
Sucker Effekt 136
Systeme, offene 64
Systemerhaltung 23, 64
Systemoptimierung 23, 59, 64
Systemregulation 23, 64
Systemschwankung 66
Systemtheorie, sozio-technische 61, 62
Task Force 35
Taylorismus-Fordismus 15
Teamentwicklung 20, 85
Teamleiter 40, 57
Teamtraining 129, 130, 143
Teilsystem, soziales 62
Teilsystem, technisches 64
Topmanagement 34
Total Quality Management 12, 34, 185
Toyotismus 56, 57, 60
Trainingsmodule 122
Transferkosten 14
Trittbrettfahrereffekt 135
Umwelt 66
Umweltdynamik 14, 69, 70
Unterweisung 104
Verantwortung 75
Verantwortung, Dezentralisierung der 86
Verbesserungsprozess 43
Verbesserungsprozess, kontinuierlicher 34
Verbesserungsvorschlag 9, 33, 40
Verkäufermarkt 13
Verwaltungsinsel 175
Weiterbildung 45
Wertewandel 16
Wettbewerbsfähigkeit, Sicherung der 148
Wissensmanagement 141
Workshop 22, 175
Workshop, Kickoff- 128
Ziel-Feedback-System 89, 90
Zielsetzung 21, 35, 75, 82
Zielsetzung, spezifische 20
Zielsystem 90, 93, 95
Zielvereinbarung 96
Zielvereinbarung, Durchführung 99
Zielvereinbarungsgespräch 98
Zielvereinbarungssystem 89

Führung: gut – Erfolg: sehr gut

Je härter die Konkurrenz, desto wichtiger ist exzellente Führung auf allen Verantwortungsebenen. Dieser wissenschaftlich fundierte Leitfaden vermittelt praxisnah die wichtigsten Erkenntnisse über Mitarbeiterführung. Denn: Gut geführte und zur Teamleistung motivierte Mitarbeiterinnen und Mitarbeiter sichern den Unternehmenserfolg. Fachliche Kompetenz ist die Grundlage, doch reicht allein nicht aus. Anhand eines Modells werden die Bedingungen des Führungserfolgs analysiert und die wichtigsten Führungsaufgaben mit Hilfe zahlreicher Beispiele spannend vermittelt. Selbsttests, Checklisten und Übungen vertiefen die Erkenntnisse.

Friedemann W. Nerdinger
Erfolgreich führen
Grundwissen, Strategien, Praxisbeispiele
Beltz Taschenbuch 605, 128 Seiten
ISBN 3 407 22605 5

BELTZ
Taschenbuch